国际工程教育丛书

顾秉林 李 越 徐立辉 曾开富 编著

工程教育专业认证制度
与工程师注册制度衔接问题研究

清华大学出版社
北京

图书在版编目(CIP)数据

工程教育专业认证制度与工程师注册制度衔接问题研究/顾秉林等编著.—北京:清华大学出版社,2022.6

(国际工程教育丛书)

ISBN 978-7-302-60817-2

Ⅰ.①工… Ⅱ.①顾… Ⅲ.①高等教育–工科(教育)–认证–关系–工程师–制度–研究–中国 Ⅳ.①G642.0 ②T-29

中国版本图书馆 CIP 数据核字(2022)第 081542 号

责任编辑:马庆洲
封面设计:常雪影
责任校对:王淑云
责任印制:丛怀宇

出版发行:清华大学出版社
　　　　网　　　址:http://www.tup.com.cn,http://www.wqbook.com
　　　　地　　　址:北京清华大学学研大厦 A 座　　　邮　编:100084
　　　　社 总 机:010-83470000　　　　邮　购:010-62786544
　　　　投稿与读者服务:010-62776969,c-service@tup.tsinghua.edu.cn
　　　　质量反馈:010-62772015,zhiliang@tup.tsinghua.edu.cn
印 装 者:三河市金元印装有限公司
经　　销:全国新华书店
开　　本:165mm×240mm　　　印　张:10　　　字　数:158 千字
版　　次:2022 年 6 月第 1 版　　　印　次:2022 年 6 月第1 次印刷
定　　价:59.00 元

产品编号:095222-01

总　序

近年来,中国工程院针对工程科技咨询,开展了"工程教育改革与发展研究""创新型工程科技人才培养研究""建立具有国际实质等效性的中国高等工程教育专业认证制度研究""院校工程教育的工程性与创新性问题研究""工程教育专业认证制度与工程师注册制度衔接问题的研究""国际工程教育合作战略研究""'一带一路'工程科技人才培养及人文交流研究""构建工程能力建设研究"等一系列课题研究。这些研究具有重要的理论意义和现实意义,是加快我国创新型国家建设的迫切需要,是推动工程师培养制度改革的需要,是促进工程科技人才培养与人文交流的需要。这些课题的研究有利于提出相关政策建议,对于深化工程科技人才培养、鼓励和引导工程科技人才成长具有重要的战略意义。

特别要强调的是,在中国工程院和清华大学的共同申请和推动下,2015年11月经联合国教科文组织(UNESCO)第38届大会批准,2016年6月联合国教科文组织国际工程教育中心(ICEE)在北京正式签约成立。该工程教育中心以联合国教科文组织"可持续发展"的宗旨和原则为指导,以推动建设平等、包容、发展、共赢的全球工程教育共同体为长期愿景,围绕提升全球工程教育质量与促进教育公平的核心使命,致力于建成智库型的研究咨询中心、高水平的人才培养基地和国际化的交流合作平台。

目前,国际工程教育中心研究人员已牵头承担或作为核心成员参与联合国教科文组织、中国工程院、国家自然科学基金委、国家教育部委托的重大咨询研究项目,在提升国际影响力、政策影响力和学术影响力等方面发挥越来越大的作用。

　　为了更好地反映国际工程教育发展的过程和趋势,反映国际工程教育中心的研究成果,拟将近年来完成的报告、论文等汇集出版。

　　尽管这些报告或论文有些数据略早,但这些资料真实地记录了近些年我国工程教育研究的发展进程。这些成果作为工程教育的研究方法和政策过程有一定的回顾意义,反映了我国工程教育发展进程中的历史价值,以供后来者对工程教育研究历史进行梳理和追溯。

　　当前,世界处于百年未有之大变局中,工程科技突飞猛进既是百年变局的一项基本内容,也是百年变局的基本推动力量。全球科技创新已经进入空前密集活跃的时期,这对于工程领域人才培养和人文交流模式变革,对于提高国家竞争实力都提出了非常迫切和现实的要求。可以说,这就是我们编写和出版此套丛书的意义所在。

　　工程教育界的同仁们,我们共同努力再努力!

2021 年 4 月于北京

　　[吴启迪,教授,联合国教科文组织国际工程教育中心(ICEE)副理事长兼中心主任,清华大学工程教育研究中心主任,曾任教育部副部长,同济大学校长等职。]

目　　录

导　　言

随着我国加入《华盛顿协议》，我们有必要对《华盛顿协议》签约成员国在工程教育专业认证和工程师注册两项工作的管理与衔接问题上进行深入分析和研究，为我国的工程师注册制度改革提供参考和借鉴。工程教育与工程师资格之间的衔接认证制度，将从体制上保障工程师从接受工程教育到入职从业、再到职业发展渠道的衔接和通畅，培养合格的工程师，促进我国由人力资源大国向人力资源强国转变。

一般而言，加入《华盛顿协议》以后，成员国的工程教育专业认证需要遵循国际标准作为质量要求的依据。协议成员国所培养的工程师应该既能够达到各国公认的能力标准，又能够在各国劳动力市场上以专业认证所对应的工程师身份任职。如何以加入《华盛顿协议》为契机，将工程教育专业认证的标准与工程师职业资格标准进行衔接，进行体制机制的创新，是一个重要问题。

本报告首先介绍了国际工程教育认证体系与工程师注册体系；然后对欧美国家工程教育专业认证与工程师注册制度衔接的国际经验进行分析，对我国的工程师准入制度现状进行案例分析和整理；接着开展国际实质等效的工程师能力及形成机制研究。对美国、英国等国家和地区高等工程教育专业认证制度与工程师注册制度及其衔接机制的文献资料进行梳理；最后探讨了基于创新性实践教育理念的工程师培养模式。

创新性实践教育是工程教育倡导的理念，核心是解决人才创新力培养的问题。创新性是工程师培养中一个非常重要的特征，基于创新性实践教育理念来设计规划工程师的培养有助于提升工程师的创新水平。

总之,本研究探讨高等工程教育专业认证制度与工程师注册制度衔接问题研究的重要性,在综合分析各类资料的基础上,研究各国和地区高等工程教育专业认证制度与工程师注册制度及二者的衔接机制,探讨国际工程师制度建设的经验及其对我国注册工程师制度建设的启示,并提出加快我国高等工程教育专业认证制度与工程师注册制度衔接的政策建议。

第一章 国际工程教育认证体系与工程师注册体系

　　早期的工程组织可以追溯到 19 世纪初。这些工程组织致力于促进学科知识发展和工程技术人员的培养。世界上历史最悠久的专业工程机构应属成立于 1818 年的英国土木工程师协会(Institution of Civil Engineers, ICE),已有 200 余年历史,目前会员遍及一百多个国家,达 8 万余人,是世界上最大的代表个体土木工程师的独立团体,也是国际土木工程界唯一具有学术交流和专业资质认证两重功能的学术机构。另外还有 1835 年成立的爱尔兰工程师协会(Engineers Ireland, EI),执行爱尔兰的工程及科技教育认证,也是爱尔兰最大且最早成立的办理专业工程师执照之机构。还有 1852 年成立的美国土木工程师学会(The American Society of Civil Engineers, ASCE)等。

　　进入 20 世纪后,许多国家都相继设立了工程组织,为单个或多个工程学科和工程技术提供服务。近年来认证系统在许多国家得到响应,先后建立了一系列国际互认协议。当今越来越多的国家和地区与这些协议相关,参与了诸多工程组织的活动。

一、国际工程联盟概述

　　国际工程联盟(International Engineering Alliance, IEA, 2007 年)是当今国际上最有影响的工程组织之一。其最初是一个由六个多边协议组成的共同体,这些协议在其成员之间建立并执行共同基准的工程教育标准和工程师注册标准。

国际工程联盟由两套体系组成：

一是工程教育认证体系，包括《华盛顿协议》①、《悉尼协议》②和《都柏林协议》③。1989 年《华盛顿协议》签署时，其签署方关注的是工程院校毕业生之间的教育水平的相互承认。后来，《悉尼协议》（2001 年）和《都柏林协议》（2002 年）分别成立，为工程技术人员和工程技师提供教育基础的认证。

另一套体系是工程师注册体系，包括《国际专业工程师协议》④、《亚太工程师协议》⑤、《国际工程技术员协议》⑥。最早成立工程师互认组织的是工程师流动论坛（EMF，1997）。与专业工程师有关的还有"APEC 工程师协议"，该协议与 EMF 的成员资格相似，但与亚太经济合作组织有关。后来"工程技术人员流动论坛"（ETMF，2001）成立，关注有经验的工程技术人员的能力标准和相互认可，关注工程技术人员的流动。

2007 年之前，这 6 个协议的运作是独立的，但相互间保持着密切的沟通。经 2007 年的协商，6 个协议决定成立一个统一的包含工程教育标准和工程师注册标准的权威机构。这个机构最后被称为国际工程联盟（IEA）。目的是制定工程教育和专业能力的标准，评估和监控工程人才质量。国际工程联盟全面覆盖了已经存在的 6 个协议，同时也为吸收更为广泛的成员做好了准备。

第 7 个协议是《国际工程技师协议》⑦，于 2015 年签署，旨在解决有关工程技师的资格互认的问题。

截至 2015 年年底，国际工程联盟成为覆盖 3 个教育认证协议和 4 个工程师注册协议的共同体，拥有来自 25 个国家和地区的 33 个工程组织。详见图 1-1、表 1-1。

---

① Washington Accord（WA）华盛顿协议（1989）
② Sydney Accord（SA）悉尼协议（2001）
③ Dublin Accord（DA）都柏林协议（2002）
④ International Professional Engineers Agreement（IPEA）国际专业工程师协议（1997），前身 Engineers Mobility Forum（EMF）
⑤ APEC Engineer Agreement 亚太工程师协议
⑥ International Engineering Technologist Agreement（IETA）国际工程技术员协议（2001），前身 Engineering Technologists Mobility Forum（ETMF）工程技术员流动论坛
⑦ Agreement for International Engineering Technicians（AIET）国际工程技师协议（2015）

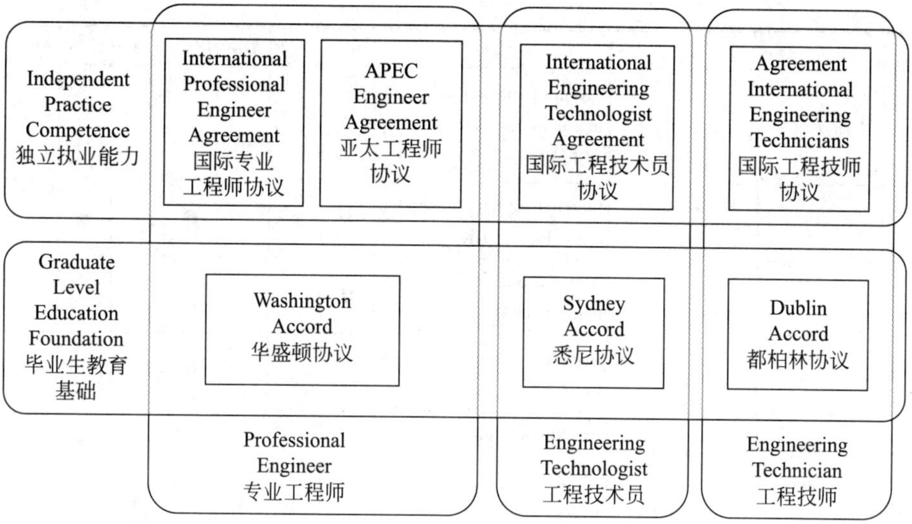

图 1-1　国际工程联盟(IEA)结构图(截至 2015 年)

表 1-1　2015 年 6 月协议签署会员

●=签署人或授权会员　◎=临时状态机构/会员　F▲=创始会员(仅限 AIET)

	国家/地区		机构	WA	SA	DA	IPEA	IETA	APEC	AIET
1	澳大利亚	Australia	Engineers Australia	●	●	●	●	◎	●	F▲
2	孟加拉国	Bangaladesh	Board of Accreditation for Engineering and Technical Education（BAETE）	◎						
			Bangladesh Professional Engineers，Registration Board（BPERB）				◎			
3	加拿大	Canada	Engineers Canada	●			●		●	
			Canadian Council of Technicians and Technologists（CCTT）		●	●		●		F▲
4	中国	China	China Association for Science and Technology（CAST）	◎						
5	中国台北	Chinese Taipei	Institute of Engineering Education Taiwan（IEET）	●	●					
			Chinese Institute of Engineers（CIE）				●		●	

续表

	国家/地区		机构	WA	SA	DA	IPEA	IETA	APEC	AIET
6	哥斯达黎加	Costa Rica	Colegio Federado de Inginieros de Costa Rica （CFIA）	◎						
7	中国香港	Hong Kong China	China Hong Kong Institution of Engineers （HKIE）	●	●		●	●	●	
8	印度	India	National Board of Accreditation （NBA）	●						
			Institution of Engineers India				●			
9	印度尼西亚	Indonesia	Institution of Engineers （PII）						●	
10	爱尔兰	Ireland	Engineers Ireland	●	●	●	●	●		F▲
11	日本	Japan	Japan Accreditation Board for Engineering Education （JABEE）	●						
			Institution of Professional Engineers Japan （IPEJ）				●		●	
12	韩国	Korea	Accreditation Board for Engineering Education of Korea （ABEEK）	●	●	●				
			Korean Professional Engineers Association （KPEA）				●		●	
13	马来西亚	Malaysia	Board of Engineers Malaysia （BEM）	●						
			Institution of Engineers Malaysia （IEM）				●		●	
14	新西兰	New Zealand	Institution of Professional Engineers New Zealand （IPENZ）	●	●	●	●	●	●	F▲
15	巴基斯坦	Pakistan	Pakistan Engineering Council （PEC）	◎			◎			
16	秘鲁	Peru	The Institute of Quality and Accreditation of Programmes in Computing, Engineering and Technology Education （ICACIT）	◎						

续表

	国家/地区		机构	WA	SA	DA	IPEA	IETA	APEC	AIET
17	菲律宾	Philippines	Philippines Technological Council（PTC）P	◎					●	
18	俄罗斯	Russia	Association for Engineering Education of Russia（AEER）	●			◎		●	
19	新加坡	Singapore	Institution of Engineers, Singapore（IES）	●			●		●	
20	南非	South Africa	Engineering Council of South Africa（ECSA）	●	●	●	●	●		F▲
21	斯里兰卡	Sri Lanka	Institution of Engineers Sri Lanka（IESL）	●			●			
22	泰国	Thailand	Council of Engineers,（COE）						●	
23	土耳其	Turkey	Association for Evaluation and Accreditation of Engineering Programs（MUDEK）	●						
24	英国	UK	Engineering Council（EngC）	●	●	●	●	●		F▲
25	美国	USA	ABET Inc	●	●	●				
			National Council of Examiners for Engineering and Surveying（NCEES）				●		●	

资料来源：*A History of the International Engineering Alliance and its Constituent Agreements*. Version 1: September 2015,IEA。

注：中国科协代表中国于2013年加入《华盛顿协议》成为临时成员；2016年成为正式成员。

二、工程教育互认体系的形成

（一）《华盛顿协议》（WA）

通过注册的形式对工程教育和工程职业进行监管是20世纪的一个重要现象。初期的认证系统出现在美国（1932年）、加拿大（1965年）和英国（1977年）。

1989年，由英国工程委员会的杰克·利维（Jack Levy）和美国ABET的大卫·雷耶斯-格拉（David Reyes-Guerra）发起和组织的首次有关工程教育标准会议在华盛顿特区召开。会议签署的成果被称为《华盛顿协议》。

《华盛顿协议》是不同国家或地区的教育认证机构之间的协议(不是工程师注册机构,一些国家的工程教育认证机构与工程师注册机构是分开的),签署方是认可高等工程教育课程的组织,这些课程为毕业生提供进入工程师职业和将来获取工程师注册或执照提供教育基础。一般认为,《华盛顿协议》主要是为4年制工程教育认证体系设置的教育标准。

《华盛顿协议》由6个创始国签署,它们是澳大利亚、加拿大、爱尔兰、新西兰、英国和美国。

随着《华盛顿协议》的影响不断扩大,签署方认为有必要考虑不仅相互承认课程,而且应该相互承认毕业生质量。如果签署方确信它们的标准和流程具有可比性,同意承认彼此认可的计划,则可以认为签署方的毕业生质量和认证程序具有实质等效性。这样可以大大简化毕业生在《华盛顿协定》所辖区域内进行专业注册或获得执照的途径,促进毕业生在签署管辖区内的流动。为此,从2007年开始,将1995年签署的《华盛顿协定》中的提法"承认获得认可工程学位课程的等效性",改为"承认工程教育的实质等效性"。

《华盛顿协议》在后来的历次会议上不断完善。1997年在华盛顿特区举行的签署方会议最后敲定并通过了更全面的协定,并辅之以《规则和程序》,这些规则和程序共同构成了《华盛顿协定》签署方相互承认的基础,即签署方的程序、政策和标准上的实质等同。

协议中明确规定了签署方至少要有两年以上的临时成员地位;临时成员需要通过一系列的考察程序后方可成为正式成员;要求正式成员每六年重新审查一次,只有通过审查之后方可续签;等等。

至2016年,有18个国家、地区成为《华盛顿协协议》的正式成员,3个组织具有临时成员身份。只有正式成员享有参加协议的充分权利,临时成员被确认拥有部分权利。

《华盛顿协议》成员为(截至2016年年底):

正式成员:

韩国,韩国工程教育认证委员会(ABEEK)(2007)

俄罗斯,俄罗斯工程教育协会(AEER)(2012)

马来西亚,马来西亚工程师委员会(BEM)(2009)

中国,中国科学技术协会(CAST)(2016)

南非,南非工程委员会(ECSA)(1999)

新西兰,新西兰工程局(EngNZ)(1989)

澳大利亚,澳大利亚工程师协会(EA)(1989)

加拿大,加拿大工程师协会(EC)(1989)

爱尔兰,爱尔兰工程师协会(EI)(1989)

中国香港,香港工程师学会(HKIE)(1995)

中国台北,台湾工程教育学院(IEET)(2007)

新加坡,新加坡工程师学会(IES)(2006)

斯里兰卡,斯里兰卡工程师学会(IESL)(2014)

日本,JABEE(2005)

印度,国家认证委员会(NBA)(2014)

美国,工程和技术认证委员会(ABET)(1989)

土耳其,工程计划评估和认证协会(MÜDEK)代表(2011)

英国,英国工程委员会(ECUK)代表(1989)

临时成员:

孟加拉国,孟加拉国工程师学会(IEB)(2016)

墨西哥,Enceñanza de la Ingeniería(CACEI)(2016)

菲律宾,菲律宾技术委员会 (PTC)(2016)

图1-2　2013年6月在韩国首尔举行的IEA会议上,接纳中国科学技术协会(CAST)为

《华盛顿协议》临时签署方

(图片来源:中国工程教育专业认证协会CEEAA)

图 1-3　2016 年 6 月在马来西亚吉隆坡举行的 IEA 会议上,中国科学技术
协会被接纳为《华盛顿协议》正式签署方
(图片来源:中国工程教育专业认证协会 CEEAA)

(二)《悉尼协议》(SA)

1998 年,《华盛顿协议》签署方会议认为,不同水平的工程师应该有不同的专业要求,因而提议成立工作组,以探讨不同层次的工程师所对应的工程教育背景问题,以期建立不同的认证协议。该工作小组于 1999 年 6 月在加拿大渥太华首次举行会议,并于 1999 年 11 月在澳大利亚悉尼再次会面,最终于 2001 年签署了《悉尼协议》。

《悉尼协议》和《规则与程序》在很大程度上遵循了《华盛顿协议》的结构。一般认为,《悉尼协议》主要是为 3 年制工程教育体系设置的教育标准,是相互承认经认可的工程技术员的教育基础。

《悉尼协议》于 2001 年 6 月在南非索尼布什举行的会议上签署,其成员包括澳大利亚、加拿大、中国香港、爱尔兰、新西兰、南非和英国。

后来,美国 ABET 于 2009 年被接纳为签署方。随后是 2013 年的韩国 ABEEK 和 2014 年的中国台北 IEET,成为悉尼协议的签署方。这 10 个新成员中有多个是《华盛顿协议》的签署方,代表了 IEA 成员的子集,在同一框架下实施针对工程技术员的教育标准的认证。

(三)《都柏林协议》(DA)

《都柏林协议》遵循与《悉尼协议》类似的途径,针对工程技师的专业教育问题。其主要任务不仅仅是规定相互承认个别的课程,而且是认证工程技师的教育资格。一般认为,《都柏林协议》主要是为 2 年制工程教育体系设置的教育标准,在《华盛顿协议》框架下实施针对工程技师的教育标准的认证。

《都柏林协议》于 2002 年 5 月 13 日在爱尔兰都柏林由四个创始方签署:加拿大、爱尔兰、南非和英国。2013 年又有四家签署方被接纳:澳大利亚(EA)、韩国(ABEEK)、新西兰(IPENZ)和美国(ABET)。

总之,《华盛顿协议》《悉尼协议》和《都柏林协议》组成了工程教育认证体系,是制定毕业生素质和专业能力标准的主要参与者,阐明了对未来成为不同层次的工程师(专业工程师、工程技术人员和工程技师)的毕业要求和能力要求的不同规格。

三、工程师注册体系的形成

(一) 工程师流动论坛(EMF)

工程师流动论坛(EMF)建立的起因,是《华盛顿协议》的前八个签署方(澳、加、爱、新西、英、美、港、南非)中,有多个成员除负责工程教育认证外,还负责专业工程师的注册。签署方中的大多数认为,不仅要建立工程技术人员的工程教育体系,还应该建立技术人员的注册制度。因此,在 1995 年 6 月都柏林举行的大会上,《华盛顿协议》签署方同意探讨有经验的专业工程师相互承认的机制。1996 年 3 月,在中国香港举行工作会议,成立了后来被称为香港工作组织(HKWP)的工作小组。此后根据多次协商,他们一致认为必须加快关于相互承认能力资格的研究。

1. 工程师流动性论坛 EMF

1996 年 HKWP 会议上,与会者就他们各自的认证政策和程序交换了意见,并就通过注册授予有经验的工程师的认证流程、政策和程序进行了初步评估。会议就原则和程序达成了一致意见,确定了有实际工作经验的工程师在能力上的实质等同性。与会者认识到,只有每个国家或地区内的控制机构接受其有效性,并简化通过该框架申请的有经验的工程师在其管辖范围内执业的审批程序,这种安排才会充分有效。

1997 年 10 月在华盛顿举行的《华盛顿协议》签署方两年期会议讨论了已

经取得的进展,提议有关组织尽快建立一个独立的论坛,商定建立一个称为工程师流动论坛(EMF)的组织。澳大利亚、加拿大、中国香港、爱尔兰、新西兰、南非、英国和美国成为创始组织。与会者编写了《谅解备忘录》(*Memorandum of Understanding*, MoU)初稿,目的是建立《国际专业工程师注册协议》(*EMF International Register of Professional Engineers*)。该谅解备忘录于 1998 年 7 月在伦敦召开的会议上获得批准。

经过一段时间的进一步协商,在 2000 年 6 月于加拿大温哥华举行的论坛会议上,与会者审核了《谅解备忘录》第二次修订稿和关于建立和维持 EMF 国际专业工程师注册协议的最后草案,并批准了国际注册协调委员会的规则草案,由该委员会负责创建和一致运作分散于各国的国际注册机构。

2001 年 6 月 25 日在南非的索尼布什举行会议,澳大利亚、加拿大、中国香港、爱尔兰、日本、韩国、马来西亚、新西兰、南非、英国和美国共同签署了国际专业工程师注册协议(EMF)。

EMF 成员同意将若干文本合并为一份文件,即《工程师流动论坛章程》(the EMF Constitution)。同意新文件尽可能使用与原始文件相同的措辞。2003 年 6 月在新西兰举行的 EMF 大会批准了《章程》,同时批准了《章程》以及经修订的国际注册协调委员会规则。

2. 国际注册协调委员会

国际注册协调委员会作为所有协议的协调者开展工作。2005 年 6 月于香港举行的 EMF 大会上,讨论并批准了指导方针和新增内容,包括双边协议、国际专业工程师(IntPE)的确定、临时及正式会员的接纳,以及对正式成员的定期审查程序,等等。2006 年之后又进行了进一步的修正和补充,包括从临时成员晋升为正式成员的标准和程序准则、在国际注册准入时所要求的学术成就与《华盛顿协议》的学术成就基本相当、临时成员必须达到《华盛顿协议》的认证标准才能晋升为正式成员,等等。

2007 年 6 月于美国华盛顿特区举行的 EMF 大会上设立了共同秘书处,产生了"执行委员会",明确了 EMF 主席和副主席与新任命的秘书处的职责。

2009 年 6 月于日本京都举行的 EMF 大会上,《毕业生素质和专业能力》文件被批准。

国际专业工程师注册问题一直是工程师认证中的重要问题。IntPE 的标准明确要求,工程师申请注册时必须提交教育学位和独立实践能力的证明,包括自毕业以后至少应具有七年的工程领域的实际工作经验、至少有两年时间负责重要的工程工作、具有保持其持续发展的专业能力,等等。

(二) 亚太经合组织工程师项目

亚太经济合作组织(APEC)是一个成立于 1989 年的区域经济论坛,旨在充分利用亚太地区日益增长的相互依存关系。APEC 合作进程主要关注贸易和经济问题,成员之间作为经济实体相互接触。APEC 的 20 多个成员旨在通过促进平衡、包容、可持续、创新和安全的增长,并通过加速区域经济一体化,为该地区创造更大的繁荣。

亚太经合组织于 1996 年 5 月在澳大利亚悉尼举行会议,主题是促进相互承认工程执业资格,参会的是亚太经合组织所有经济体的专业协会和许可证颁发机构。亚太经合组织委托各成员组织的专业机构和协会,对专业工程师注册的程序和标准以及工程教育和发展框架进行全面调查。希望该调查结果能为确定专业工程认证和发展提供基础。其最终目的是确定满足认证所需的工程课程,以及毕业生在经过若干年实际工作后具备的专业能力。

1997 年 8 月在马尼拉举办的会议上,来自澳大利亚、中国香港、印度尼西亚、日本、马来西亚、菲律宾、新加坡和泰国的代表以及来自美国的观察员就章程、规则和程序达成了协议,为经济体中大量有经验的工程师获得国际认可提供了机会。

随后的 APEC 行政程序以不同寻常的速度完成,1998 年 11 月在澳大利亚悉尼举行了 APEC 工程师项目指导委员会的首次会议。来自澳大利亚、加拿大、中国、中国香港、印度尼西亚、日本、韩国、马来西亚、新西兰、菲律宾、新加坡和泰国的代表以及来自美国和越南的观察员出席了会议。会议就注册规则、执行程序等广泛的实际问题达成了一致意见。

1999 年 11 月在悉尼会议上成立了一个协调委员会替代指导委员会的职能,创始成员是澳大利亚、加拿大、中国香港、日本、韩国、马来西亚和新西兰。协调委员会于 2000 年 6 月在温哥华和 2001 年 10 月在吉隆坡举行会议,印度尼西亚、菲律宾和美国获授权 APEC 工程师注册,泰国获准有条件授权。

（三）工程技术员流动论坛(ETMF)

EMF 在 1999 年 11 月悉尼会议和 2001 年 6 月南非索尼布什会议上探讨了对有经验的工程技术人员的相互认可。会议以谅解备忘录的形式就原则和程序达成了协议,据此建立一个比国际专业工程师水平略低的国际工程技术员的流动协议,以相互确认有实际工作经验的工程技术员在能力上的实质性、等同性。会议商定了互认原则框架,以消除工程技术人员在不同国家、地区之间自由流动和实践的体制障碍。

于是,2001 年 6 月 25 日,在南非索尼布什举行的会议上,《悉尼协议》的签署方设立了一个论坛,称为工程技术员流动论坛。ETMF 制定、监控、维护和促进相互接受的标准和准则,促进有一定经验的工程技术人员的跨境流动。ETMF 协议于 2003 年 6 月在新西兰罗托鲁瓦签署。ETMF 的 6 个创始成员是:加拿大、中国香港、爱尔兰、新西兰、南非和英国。澳大利亚工程师协会于 2010 年成为 ETMF 的临时成员。到 2016 年,ETMF 的成员仍然是这 6 个创始成员和一个临时成员。

（四）国际工程技师项目(AIET)

2015 年,《都柏林协议》6 个成员提议为工程技师建立相应的协议,并为其规定毕业生素质和专业能力要求。新协议在执业技师级别上承认其等效性,正式成员拥有参与协议的完全权利。每个在签署方注册的国际工程技师(IntETn)到另一成员的管辖范围内注册或许可时可以获得信任。

该协议即为国际工程技师协议。其创始成员为澳大利亚、加拿大、爱尔兰、新西兰、南非和英国。

四、工程教育认证与工程师注册制度的衔接

（一）工程师流动论坛的转型

2012 年 6 月,EMF、ETMF 和 APEC 工程师协议重新审查了其在 2009 年至 2012 年期间的目标和方法,一致希望通过整合流动协议规则和适用程序,使这三个流动协议更加统一健全。大会提出身份转型——将 Forum(论坛)改为 Agreement(协议)。

经过共同努力,各方就工程能力的构成取得共识,即把工程师能力水平分为三个层次:专业工程师、工程技术人员和工程技师。在这三个层次上分别对应三项协议,取代之前的流动论坛:

国际专业工程师协议(IPEA) 取代工程师流动性论坛。IPEA 建立专业工程师独立执业能力的标准和质量保证体系的实质等效性;

APEC 工程师能力协议(APECEA) 取代 APEC 工程师项目。APECEA 用于在亚太经济体内建立专业工程师独立实践能力的标准和质量保证体系的实质性、等效性;

国际工程技术人员协议(IETA) 取代工程技术人员流动论坛。IETA 建立工程技术员独立实践能力的标准和质量保证体系的实质等效性。

另外,**国际工程技师协议(AIET)** 是 2015 年 6 个都柏林协议签署方承诺为工程技师提供能力协议,并为国际工程技师定义了毕业生素质和专业能力要求。2016 年 6 个签署方签署了国际工程技师协议。

至此,IEA 的工程联盟由 7 个协议组成,其中工程教育认证体系 3 个,工程师注册体系 4 个。

一般认为《华盛顿协议》主要是为 4 年制工程教育体系设置的教育标准,可以与《国际工程师协议》和《亚太工程师协议》相对应;《悉尼协议》主要是为 3 年制工程教育体系设置的教育标准,可以和《国际工程技术员协议》相对应;《都柏林协议》主要是为 2 年制工程教育体系设置的教育标准,可以和《国际工程技师协议》相对应。

(二) 毕业生素质和专业能力标准

1. 重新思考工程教育的目的

1989 年签署《华盛顿协议》时,签署方认可的标准侧重于教育投入和教育过程,重点放在课程结构、教学内容和所达到的技术深度上。后来,《华盛顿协议》签署方对其传统的核证标准提出反思,认为应该将现代经济社会的特点与工程师必须具备的素质联系起来,要求工程师必须适应科学技术全球化发展、必须适应日益增长的社会责任、必须具备三个组成部分——知识、技能和态度。

由此,澳大利亚、爱尔兰、新西兰、南非和美国在内的若干国家商定了新的能力标准,以使工程行业对工学院毕业生的期望与行业需求相匹配。

2. 制定毕业生素质和专业能力标准

《华盛顿协议》的签署方认为有必要对《华盛顿协议》认可课程的毕业生素质做明确的描述，并于 2001 年 6 月在南非索尼布什举行的会议上启动了该项工作。2003 年 6 月，在新西兰罗托鲁瓦举行的国际工程会议上，《悉尼协议》和《都柏林协议》的签署国也认可了类似的必要性，认为有必要区分每类课程的毕业生素质，以确保其能够适应各自的目标。

差不多同时，工程师论坛认为，对申请注册国际工程师资格的人员应该进行基于能力的评估。在 2003 年的罗托鲁瓦会议上，论坛决定为工程师和技术人员定义可评估的能力标准。

因此，会议同意制定三套毕业生素质和三套职业能力要求。三项教育协议的签署方于 2004 年 6 月在伦敦举行了一次国际工程研讨会（IEWS）和两次交流论坛，旨在为工程师、工程技术员和工程技师三个类别制订"毕业生素质"和"国际注册职业资格要求"的表述。与会者制定了《毕业生素质和专业能力》初稿。

2005 年 6 月，教育协议和工程论坛在香港会议上批准了《毕业生素质和职业能力》第 1 版初稿，即第 1.1 版。

2007 年 6 月之后，各方从教育协议的临时身份晋升为正式身份的毕业生素质要求等方面进行了多次讨论。2009 年 6 月 15~19 日，在京都国际工程联盟会议上，《毕业生素质和职业能力》第 2 版获得批准。

2012 年和 2013 年，所有签署方都对相关条例进行了差距分析，并报告了其标准的改进措施。2013 年 6 月 17~21 日，在首尔举行的会议上批准了《毕业生素质和职业能力》第 3 版的修改。

此后，国际工程联盟各协议根据《毕业生素质和职业能力》制定的规则和程序开展认证，并对认证标准与协议中对毕业生素质实质等效性进行评估和不断改进，从而进一步加快了工程教育认证与工程师注册制度的衔接，推动了国际工程教育认证体系和工程师注册体系的制度建设。

第二章 工程教育专业认证与 工程师注册制度的衔接

一、美国工程师注册制度

(一) 美国工程师培养模式

美国实行注册工程师制度是为了保证工程技术人员的职业水准和道德水平,是实现对工程技术人员专业化管理的一种执业资格认定制度。工程师只有具备相应的资格,才能去相应专业的工程师岗位独立执业。成为一个合格的注册工程师,要经过三个阶段:首先,需要接受工程专业的高等教育,获得学士学位或者与之同等的工程学历。然后,参加由美国工程与测量考试委员会(National Council of Examiners for Engineering and Surveying, NCEES)组织的工程基础考试;通过考试之后获得"实习工程师"称号,允许其在职业工程师指导下从事一定的工程业务,但不具备独立执业的资格。最后,需要在实习工作中积累四年的实际工作经验,再通过由 NCEES 组织的工程实践和原理考试,就可以成为正式的职业工程师。

在美国,除了工程院校的教学方式外,在工程师的培养过程中,企业在工程师教育领域发挥着重要的作用。一方面,美国的企业与一些工科大学结成联盟,相互促进,共同发展。大多数工科大学和工程院系都设有工业咨询委员会,其成员主要是由该校(系)毕业的校友和雇佣该校毕业生的公司代表组成,委员会会根据工业发展的需要,要求学校对工程教育进行相应的改革。同时美国企业在工程师的继续教育方面也投入大量的人力和物力,政府部门也从不同的侧面提供了有力的支持。

从美国的工程师培养模式来看,一方面是拥有一套有效的工程教育认证模式以及工程师的注册标准,为注册工程师制度的建立和发展奠定了良好的基础,也为美国培养合格的工程师做出了重要贡献;另一方面,企业和政府的积极参与也为该模式的有效实施提供了有力的保障。同时,美国的继续教育也很发达,这些都进一步补充了美国的工程师培养方式①。

(二) 美国注册工程师制度的发展历史

在美国的相关资料中并没有对"注册工程师"(Registered Professional Engineer 或 Licensed Professional Engineers)这一概念进行详细的界定。美国负责工程师注册的机构"美国工程与测量考试委员会"的相关文件(NCEESModel Law)将注册工程师制度概括为:政府对关系国计民生的工程技术工作实行准入控制,要求工程技术行业的专业人员在依法独立执业或独立从事某种专业技术工作时,其学识、技术、能力、品德必须达到一定的标准,获得相应的执业资格并实行强制性注册登记制度。我国称其为工程师执业资格注册或注册工程师资格认证。执业资格注册制度最早起源于 12 世纪的欧洲。美国在 1883 年开始在牙医专业实行执业资格注册,而后逐步扩展到医生、药剂师、律师、会计等行业。1907 年,美国怀俄明州首次颁布了对工程师和测量师执业进行准入控制的法律。此后,经过一段缓慢但稳定的发展,其他各个州也开始陆续实行工程师执业资格注册制度。到 1950 年时,美国所有的州,包括阿拉斯加、夏威夷、哥伦比亚特区以及波多黎各等行政区域都已经通过了不同形式的执业资格法(licensing laws)。迄今为止,美国所有的州和行政区域都通过了关于工程师和测量师执业资格注册的法律,每个州都设立了注册管理局。

对于社会和政府来说,实行注册工程师制度主要是为了实现对工程技术人员的专业化管理,保证工程技术人员的执业水准和道德水平,进而保护社会公众的身心健康、人身安全和财产安全。尽管美国各州对工程师的从业范围都有相应的规定,但在美国,工程师注册并非强制性的。对于工程技术人员来说,促使其加以注册的主要原因在于:

(1) 执业资格是工程技术人员专业化的标志,也是工程师能力、才干、经验和品德的保证。执业资格注册将拥有较高专业水准的工程师与一般的工程

---

① 韩晓燕,张彦通. 美国注册工程师制度的现状问题及改革方向[J]. 科技进步与对策,2007(1):145-149.

技术人员区别开来，在法律责任、从业范围、社会地位和工资待遇上体现出不同的标准。按照美国各州法律的规定，工程行业中的某些业务只有经过执业资格注册的工程师才能承担，才有权签署相关的合同和文件。因此，当从业人员获得执业资格之后，工作机会和工资收入都会大大增加。

（2）注册工程师制度是工程师岗位变换、人才流动的制度保证。工程师执业资格作为工程技术人员业务能力和职业道德的标志，在人才市场上起着"敲门砖"的作用，为工程技术人员的合理流动和有效配置提供了依据。

（3）注册工程师制度是工程技术人员职业发展的重要途径。注册工程师制度为工程技术人员提供了职业发展的标准和范例，为工科毕业生的成长提供了一个规范的途径，使其能在注册工程师的指导下比较迅速地成长为一个合格的职业工程师，进而在职业生涯上获得更大的发展。①

（三）ABET 主管工程教育的专业认证

在美国，工程及技术教育认证委员会（ABET）主管工程教育的专业认证。ABET 的专业认证得到了美国高教界和工程界的广泛认可与支持，也得到了美国官方机构与非官方机构的承认。在美国，它是此类唯一的高等工程教育专业认证机构，其专业认证具有相当的权威性。美国工程师注册的相关事宜由各州工程师注册局统管，各州工程师注册局共同组成了美国全国工程和测量考试委员会（NCEES）。NCEES 为各州工程师注册局承担了工程师资格考试等工作，以及其他需要协调和统一的工作。美国工程师注册的要求一般包括教育要求、经验要求与考核要求等三个方面。教育要求是指在一般情况下，申请成为工程师的人员必须获得经过指定认证机构即 ABET 下属的工程认证委员会（EAC）认证合格的工程专业的学位；经验要求是指申请成为工程师的人员必须在获得工程学位后，具有经过州工程师注册局认可的一定年限的工程专业工作经验；考核要求是指申请成为工程师的人员必须通过由美国全国工程和测量考试委员会组织并命题的工程基础考试（FE）、工程原理和工程实践考试（PE）。NCEES 规定，接受工程专业的高等教育是成为合格注册工程师的前提条件。在获得经过 ABET 认证的工程专业的学位后，参加由该委员会组

---

① 韩晓燕，张彦通. 美国注册工程师制度的现状问题及改革方向［J］. 科技进步与对策，2007（1）：145-149.

织的工程基础考试,接下来需要在工程实践中积累具有一定时限的实际工作经验,最后再通过由 NCEES 组织的工程原理和工程实践考试,就基本可以成为注册工程师了。这一模式在几十年的实施过程中,为美国工程师注册制度的建立和发展奠定了良好基础,为美国工程师注册制度的变革和改进奠定了基础。

由此可见,获得经 ABET 认证合格的工程专业的学位是成为注册工程师的重要条件。NCEES 对于申请成为注册工程师人员的教育要求成为高等工程教育专业认证制度与工程师注册制度之间的桥梁,它将 ABET 与美国各州工程师注册局联系了起来。工程师注册局的成员包括拥有注册工程师资格的工程师与公众代表等。其中,工程师占有多数比例,公众代表占有少数比例,他们都由各州州长任命。NCEES 由美国各州工程师注册局共同组成,其职责是负责工程专业领域的工程师资格考试,组织命题、阅卷、评分和确定合格分数线等。作为一个全国性的非营利机构,NCEES 的目标是通过制定统一的规定、注册标准与职业伦理,在职业资格认证方面发挥领导作用。NCEES 致力于为公众的健康、安全和福利服务,致力于塑造执业资格认证制度的未来发展趋势。

NCEES 董事会由各州注册局选举出。NCEES 董事会的运作依据 NCEES 的规章制度。董事会由主席、当选主席、财务员、刚卸任的主席与来自四大区域的四位副主席组成。NCEES 下设 12 个常设委员会,它们负责 NCEES 的日常事务与颁发认证许可的事项。NCEES 的常设委员会之一是各注册局管理委员会。各注册局管理委员会的成员包括一名主席与来自每个大区的至少两名成员。这两名成员是各注册局的现有成员或者退休成员。该委员会安排各注册局管理者的年度会议,以及 NCEES 各大区域的中期会议。该委员会应该尽力保证各注册局管理者之间的紧密合作,并且推动或者帮助各注册局工作的开展。NCEES 的目的是提供一个组织平台,通过这个平台,各州工程师注册局可以就如何更好地履行规范工程活动的职责进行讨论和行动。因为工程活动关系到公众的生命、健康与财产安全,所以 NCEES 的责任就更显重大。[①]

---

① 王瑞朋,王孙禹,李锋亮. 论美国工程教育专业认证制度与工程师注册制度的衔接[J]. 清华大学教育研究,2015,36(1):34-40. DOI:10.14138/j.1001-4519.2015.01.003407.

（四）美国工程教育专业认证制度与工程师注册制度的衔接

在美国，工程师的注册并不是一蹴而就的，而是需要完成具体的注册程序。一名在高等工程教育专业学习的学生，要想成为注册工程师，需要经过由实习工程师到注册工程师的过程，其间还要满足各种各样的条件。如果是在一个四年制以及四年以上经过 ABET 下属的 EAC 认证的工程专业在读的高年级学生，或者从这样的专业毕业的学生，就有资格参加 NCEES 的 FE 考试。从经过 EAC 认证的工程硕士专业毕业的学生也有资格参加 FE 考试。

一旦通过了 FE 考试，并且能够提供所受教育的证明，那么申请人就可以获得实习工程师的执照或者注册成为实习工程师。成为注册工程师有如下条件与要求：达到一定要求的申请人有资格参加 NCEES 的 PE 考试，如果通过 PE 考试，并能提供所受教育的证明，那就可以获得注册工程师的称号。一名申请人要想参加 PE 考试，必须满足以下要求之一：

（1）拥有工程专业学士学位的实习工程师，并且有四年以上的工程工作经验，有良好的品质以使申请人能够胜任工程实践。

（2）满足以下教育与经验要求之一的实习工程师：A. 获得经过 ABET 认证的工程专业的学士学位，拥有工程专业的硕士学位，拥有三年以上的工程工作经验，有良好的品质以使申请人能够胜任工程实践；B. 获得经过 ABET 认证的工程专业的硕士学位，拥有三年以上的工程工作经验，有良好的品质以使申请人能够胜任工程实践。

（3）获得工程博士学位的实习工程师，拥有二年以上的工程工作经验，有良好的品质以使申请人能够胜任工程实践。

（4）获得工程博士学位的申请者，拥有四年以上的工程工作经验，有良好的品质以使申请人能够胜任工程实践。

从以上要求可以看出，一般情况下，要想有资格参加 NCEES 组织的 PE 考试，首先必须是实习工程师。申请人在成为实习工程师的基础上，满足时间或长或短的教育要求与工程工作经验要求，如果再符合相关的道德品质要求，就可以参加 PE 考试，并且进而成为注册工程师。美国的工程师注册制度从一开始就考虑到了工程师注册制度与高等工程教育专业认证制度的衔接，接受了经过高等工程教育专业认证机构 ABET 所认证专业的教育之后，就可以参加由工程师注册机构 NCEES 所组织的工程基础考试，并且有可能进而获得实习工程师的称号。申请人从成为实习工程师到成为注册工程师的过程,是将高等工程教育专业认证制度与工程师注册制度衔接起来的过程。①

二、英国工程师注册制度

以英国为代表的欧洲工程师教育专业认证的机构对工程师注册的教育基础要求十分严格,以使工程教育专业认证标准与工程师注册标准可以顺利衔接。

(一) 管理机构的统一

英国自上而下形成了三级认证管理体系,即高等教育质量保障机构(Quality Assurance Agency for Higher Education,QAA)—工程委员会—由工程委员会许可的各领域工程学会(Institute)。三级认证体系既保证了英国高等工程教育的质量,又体现了针对具体学科特色的灵活操作性。

成立于1997年的高等教育质量保障机构,其宗旨是保障并不断提高英国的高等教育质量,并在全国层面上制定各层次和类型学位的质量标准,其中就有关于工程教育学位标准的文件,对英国的工程教育质量进行总体控制。

英国工程委员会是英国工程教育专业认证和工程师注册的统筹负责机构,负责设置工程教育专业认证和工程师注册的总体要求与一般性标准。认证和工程师注册这两项工作在工程委员会的统一管理之下互相关联,认证为保证注册工程师的教育基础服务,工程师注册时则要求报名者有符合要求的经过认证的教育基础。

在英国,某一工程领域内的工程教育专业认证工作和工程师职业资格的管理工作都有相应领域的行业学会负责。例如,各高等教育机构开设的土木工程专业的认证工作和全国土木工程师的注册工作都有土木工程师学会负责(ICE)。英国全国共有这样的专业学会36个(见表2-1),在各学会之上,自1981年起,英国的认证活动和工程师管理工作由工程委员会(Engineering Council,EngC)统一协调各下属各学会来进行。工程委员会是一家皇家特许的权力机构,不但负责管理英国工程界,还在国际上代表英国工程师的利益,它的使命就是为特许工程师、企业工程师和工程技术员确定专业能力和职业道

① 王瑞朋,王孙禺,李锋亮.论美国工程教育专业认证制度与工程师注册制度的衔接[J].清华大学教育研究,2015,36(1):34-40.DOI:10.14138/j.1001-4519.2015.01.003407.

德的国际公认标准。其任务主要包括两个方面:一是为工程师和其他工程技术人员提供注册;二是对英国工程教育专业进行专业认证。EngC 对工程界的管理是通过几十个工程学会来实现的。它对合乎条件的工程学会授予许可证,让这些学会来维护和促进相关的认证标准。

表 2-1 英国工程专业学会一览

学会		特许 工程师 (CEng)		技术 工程师 (IEng)		工程 技术员 (EngTech)	信息和通信 技术员 (ICTTech)
		注册	认证	注册	认证	注册及 认证	注册及认证
特许信息技术学会 (英国计算机学会)	BCS	√	√	√	√		
英国非破坏性测试 学会	BINDT	√		√		√	
特许建筑服务学会	CIBSE	√	√	√	√	√	
特许高速公路和运 输学会	CIHT	√	√①	√	√①	√	
特许管道和暖气工 程师学会	CIPHE			√		√	
特许水和环境管理 学会	CIWEM	√	√②	√	√②	√	
能源学会	EI	√	√	√	√	√	
农业工程师学会	IAgrE	√	√①	√	√①	√	
土木工程师学会	ICE	√	√	√	√	√	
化学工程师学会	IChemE	√	√	√	√	√	
铸造金属工程师 学会	ICME	√		√		√	
内燃机和汽轮机工 程师学会	IDGTE					√	
工程设计师学会	IED	√	√①	√	√①	√	

续表

学会		特许工程师（CEng）		技术工程师（IEng）		工程技术员（EngTech）	信息和通信技术员（ICTTech）
		注册	认证	注册	认证	注册及认证	注册及认证
工程和技术学会	IET	√	√	√	√	√	√
防火工程师学会	IFE	√	√	√	√	√	
燃气工程师和管理者学会	IGEM	√	√	√	√	√	
高速公路工程师学会	IHE	√	√	√	√	√	
医疗工程和物业管理学会	IHEEM	√		√		√	
照明工程师学会	ILP	√		√		√	
海事工程、科学和技术学会	IMarEST	√	√	√	√	√	
机械工程师学会	IMechE	√	√	√	√	√	
测量和控制学会	InstMC	√	√	√	√	√	
皇家工程师学会	InstRE	√		√		√	
声学学会	IoA	√		√			
材料、矿物和采矿学会	IoM3	√	√	√	√	√	
物理学学会	IOP	√	√[2]				
医学物理和工程学会	IPEM	√	√	√	√	√	
铁路信号工程师学会	IRSE	√		√		√	
结构工程师学会	IStructE	√	√[1]	√	√[1]	√	
水学会	IWater	√		√		√	
核学会	NI	√		√		√	

续表

学会		特许工程师 （CEng）		技术工程师 （IEng）		工程技术员 （EngTech）	信息和通信技术员 （ICTTech）
		注册	认证	注册	认证	注册及认证	注册及认证
皇家航空学会	RAeS	√	√	√	√	√	
皇家海军建筑师学会	RINA	√	√			√	
环境工程师学会	SEE	√		√		√	
操作工程师学会	SOE	√		√	√	√	
焊接学会	TWI	√	√①	√	√①	√	

注释:①只许可认证学术课程;②只许可认证职业发展计划。

认证和职业资格管理工作由同一机构管理对英国的工程教育有诸多好处:首先,保证了教育和需求之间的衔接,可以将工程教育和社会对工程师的需求紧密结合起来,进一步使工程教育有针对性地满足社会需求,也能够保障社会对工程人才的要求准确地传达到教育体系内部;其次,简化了管理流程和环节,不会出现教育与职业资格多头管理的局面;最后,认证标准和工程师的职业能力标准由工程委员会统一制定,保证了认证标准和职业标准之间的有效对接。

（二）工程师注册的教育基础要求

认证和工程师注册这两项工作在工程委员会的统一管理之下形成了制度上的衔接,认证为保证注册工程师的教育基础服务,工程师注册时则要求报名者有符合要求的经过认证的教育基础。

英国有四类注册工程师,除了 2008 年新设立的信息和通信技术员（ICTTech）因其特定的从业领域而具有特殊性之外,其余三种较为成熟的注册工程师类型分别为:工程技术员（EngTech）、技术工程师（IEng）和特许工程师（CEng）。虽然工程委员会认为这三类注册工程师体现的是类别和分工的差异而非层次的差异,但是,从英国工程职业能力标准(UK-SPEC)的要求来看,这三者仍体现出了逐渐提高的教育基础、职业能力和实践经历的要求。从社会地位、收入和从业范围也能看出特许工程师在其中具有最高地位。因此,从工程技术员、技术工程师到特许工程师体现的是英国工程师职业发展道路中的三个阶段(UK-SPEC)。

认证与职业资格之间在制度上的衔接,体现在不同层面的工程师资格对应着不同层次和类型的教育经历要求。这一点从工程委员会对工程技术员、技术工程师和特许工程师的教育基础要求中也能看出:

注册为工程技术员需要:由被许可的工程职业学会核准的高级/现代学徒资格或其他基于工作的学习项目;或者,爱德思/皮尔森的3级商业与技术教育委员会(BTEC)文凭,或工程和建筑环境领域的延展文凭(Extended Diploma);或者,由被许可的工程学会核准的,不低于资格和学分框架中水平3或不低于苏格兰学分资格框架中水平6的工程或建筑领域资格;或者,由被许可的工程职业学会核准的相当的资格。

注册为技术工程师需要:经过认证的工程或技术的学士或荣誉学位;或者,经过认证的工程或技术的高等国家证书(HNC)、高等国家文凭(HND)(对于从1999年9月前开始的项目);或者,1999年9月后开始的高等国家证书(HNC)、高等国家文凭(HND)(如果是HNC,要在2010年前开始),或一个工程或技术的基础学位,外加未来合适的达到学位水平的学习;或者,由被许可的工程学会核准的国家职业资格水平4(NVQ4)或苏格兰职业资格水平4(SVQ4)。

注册为特许工程师需要:经过认证的综合型工程硕士学位(integrated MEng);或者,经过认证的工程或技术的荣誉学士学位[Bachelors(Honours)],此外,需要再加一个被许可的学会认证的合适的硕士学位或工程博士学位(EngD),或未来合适的硕士水平的学习。

经过整合的英国高等教育资格框架可以发现,英国将教育经历与进入职场资格紧密联结,为不同类型和层次的工科毕业生提供了成为注册工程师的通道。由此,形成了层次多样、类型丰富、互相连接、沟通自如的工程教育专业认证与工程师职业资格衔接的体系,如表2-2所示。

表 2-2 英国高等教育资格框架(FHEQ)

各水平的典型高等教育资格	FHEQ 水平	相应的 FQ-EHEA 阶段
博士学位,例如哲学博士(PhD/DPhil),包括新制博士(new-route PhD)、教育博士(EdD)、工商管理博士(DBA)、临床心理学博士(DClinPsy)	8	第三阶段资格
硕士学位,例如哲学硕士(MPhil)、文学硕士(MLitt)、研究硕士(MRes)、艺术硕士(MA)、科学硕士(MSc)	7	第二阶段资格
综合型硕士学位,例如综合型工程硕士(MEng)、化学硕士(MChem)、物理学硕士(MPhys)、药剂学硕士(MPharm)		
研究生教育证书(PGCF)		—
研究生证书		
荣誉学士学位,例如荣誉文学/理学学士(BA/BSc Hons)	6	第一阶段资格
学士学位		
专业研究生教育证书(PGCE)		—
研究生文凭		
研究生证书		
基础学位,例如文学基础学位(FdA)、理学基础学位(FdSc)	5	短阶段(包括在或连接到第一阶段)资格
高等教育文凭(DipHE)		
高等国家文凭(HND)		
高等国家证书(HNC)	4	
高等教育证书(CertHE)		

资料来源:英国高等教育资格框架(FHEQ)中各水平的典型资格及其对应的欧洲高等教育资格框架(FQ-EHEA)阶段示例(The framework for higher education qualifications in England, Wales and Northern Ireland, 2008)

(三)英国工程教育专业认证制度与工程师注册制度的衔接

工程委员会和高等教育质量保障机构对工程教育专业认证标准的定位是一致的,都是基于工程委员会颁布的英国工程职业能力标准文件(UK Standard For Professional Engineering Competence,简称 UK-SPEC),该文件规定了在英国范围内从事工程职业、注册为各类型工程师的标准（Subject Benchmark Statement：Engineering 2010）。因此，要把工程教育专业认证的学习产出标准放在英国工程职业能力标准文件对特许工程师和技术工程师的能力与承诺的描述中去解读。这就保证了不同类型和层次的经过认证的学位项目与不同层次工程师对毕业生知识和能力的要求形成了衔接。

英国工程教育专业认证遵循的是学生的学习产出标准。学习产出分为一般学习产出（General Learning Outcomes）和特殊学习产出（Specific Learning Outcomes）。

一般学习产出包括"知识和理解""智力能力""实践技能"和"通用的可转移技能"。一般学习产出具有普遍性，其认证标准会运用到所有的项目中，它是以可注册为特许工程师的荣誉学士学位项目为基础来制定的，对于其他认证项目则会设置适用性的标准。

特殊学习产出包括"由相关工程学会定义的支撑性的科学和数学，以及相关的工程学科""工程分析""设计""经济、社会和环境背景"和"工程实践"。不同的认证项目在特殊学习产出的各项认证标准上均有所不同，特殊学习产出的认证标准可以充分显示出项目的特殊性。

与之相对应的是，英国工程职业能力标准文件将对工程技术员、技术工程师和特许工程师的能力和承诺分为五项："知识和理解""设计和开发过程、系统、服务和产品""责任、管理或领导力""沟通和人际交往能力"以及"职业承诺"。对工程技术员、技术工程师和特许工程师来说，这五项能力和承诺的标准呈现出由低到高的要求。

与荣誉学士学位毕业生对应的是技术工程师，与综合型工程硕士学位毕业生对应的是特许工程师。以认证中对"通用的可转移技能"的要求来看，对于荣誉学士学位的毕业生来说，必须发展出在各种各样的解决方法中都有价值的可转移技能，包括解决问题、交流和与他人一起工作，以及有效利用通用的 IT 设备和信息检索的技能，还包括作为终身学习基础的自学计划和表现改进。

而对综合型工程硕士学位毕业生"通用可转移技能的认证"标准要求更高。需要具备：开发、监督和更新一个计划以反映变化的操作环境的能力；监督和修正一个持续工作的个人项目，以及独立学习的能力；理解团队中的不同角色，以及实施领导的能力；在不熟悉的情境下学习新理论、新概念、新方法等的能力。

对技术工程师和特许工程师"责任、管理或领导力"的要求也有不同的标准,技术工程师要能够"提供技术和商业管理",要求包括:计划有效实施项目;管理任务、人员和资源来进行计划和预算;管理团队和开发人员来满足不断变化的技术和管理需求;管理持续质量改进。而特许工程师要能够"提供技术和商业领导",要求包括:计划有效实施项目;计划、预算、组织、指挥和控制任务、人员和资源;领导团队和开发人员来满足不断变化的技术和管理需求;通过质量管理带来持续改进。对特许工程师增加了领导团队、掌控和指挥工作任务的内容。

以对第三方面的要求为例,对技术工程师来说,需要管理团队和开发人员来满足不断变化的技术和管理需求。这可能包括如下能力:与团队和个人就目标和工作计划达成一致;确认团队和个人的需求并为他们的发展进行计划;加强团队对职业标准的承诺;管理和支持团队及个人发展;评估团队和个人表现并提供反馈。

特许工程师则要领导团队和开发人员来满足不断变化的技术和管理需求。这可能包括如下能力:与团队和个人就目标和工作计划达成一致;确认团队和个人的需求并为他们的发展进行计划;加强团队对职业标准的承诺;领导和支持团队及个人发展;评估团队和个人表现并提供反馈。

(四) 英国工程师注册和职业发展流程

英国工程委员会及其许可的各下属学会对注册工程师申请者的考察评估主要基于其能力和承诺是否符合工程师的标准,申请者个人发展能力和承诺可以通过支撑性的知识和理解(主要通过教育项目)以及职业发展和经验两部分的组合而获得。

每一位申请者首先应获得英国工程职业能力标准(UK-SPEC)规定的经过认证或批准的教育基础,此后必须经过申请注册的所属学会组织的专业评审(Professional Review)对其能力和承诺的评估考察,专业评审以学会对能力和承诺的评价标准为参考,学会的委员会最终会以专业评审成员形成的报告为基础来决定是否接受申请者注册。专业评审包括两部分:对文献证据的审查以及面试。其中,对于所有特许工程师或技术工程师的申请者来说,必须在注册的最后阶段接受面试;对于工程技术员和通信技术员申请者,学会可自行决定是否需要接受面试。学会也有权在专业审查的基础上增加其他的考核项目。

申请者需要按照学会的格式要求,提交能够支持其申请的证据,证据必须包括:教育记录以及拥有的资格证书;结构化的或其他职业发展计划;运用工程和技术承担责任的领域;了解所做决定的技术、金融和可持续性影响的证据;对未来职业发展的计划;由其他国家、地区或国际当局授予的职业资格。所有申请者还应在专业审查的过程中证明满足持续职业发展(CPD)的义务。

专业审查的面试由两名合格的并经过训练的面试专家主导,他们应至少为在申请者寻求注册的类别中的注册者,其中必须至少有一人在相关工程学科中具有丰富的经验。学会将采取一切合理的步骤来选择面试专家以确保避免潜在的利益冲突。面试专家应对每一位申请者做出一份总结报告对申请者进行推荐,这份报告应覆盖能力和承诺的标准并反映面试官对申请者是否具有所需能力和承诺的职业判断。

学会委员会最终会在专业评审的报告基础上做出是否推荐申请人注册的决定,结果应告知申请人,学会也应为未能成功注册的申请者提供申诉程序。图 2-1 为英国注册工程师或技术员的标准路径。

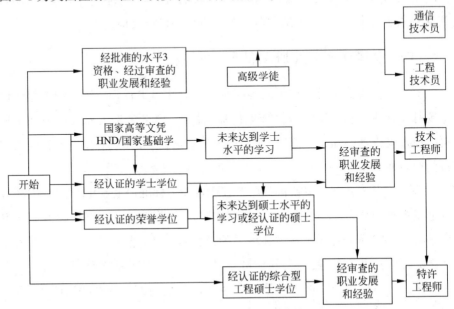

图 2-1　英国注册工程师或技术员标准路径

三、我国工程师职业准入制度与典型案例

（一）我国工程师职业准入制度的现状

1．发展历史

工程师这一职业对我国现代化有着重要作用，自 20 世纪 50 年代以来，中央一直不断研究和探索建立工程师职业准入制度。国家人事部在不同阶段实行过多种不同的工程师管理制度，在推行执业资格注册制度方面也已进行了多年探索，总结了较丰富的经验。在市场经济建立与完善的过程中，我国工程师制度的建立大致可分为三个阶段。

第一阶段是 20 世纪 50 年代至 60 年代。工程师作为专业技术人员的一种，被划分为若干级别，各个级别都有严格的条件，级别与当时的等级工资制度相衔接。我国当时按照苏联的体制，工程师是一种终身制职务，不考虑其专业技术水平，资格、职务、工资相互连接。

第二阶段是 20 世纪 80 年代至 90 年代。国家尝试将专业技术职务和技术职称分开建立。这一阶段我国仍然是计划经济体制，专业技术职务与技术职称在理论上是分开了，但资格、职务、工资相互连接的管理方式仍没有改变。

第三阶段是 1995 年至今。我国逐步建立注册工程师执业制度，与发达国家工程师制度的互认。这一阶段，我国经济体制正从计划经济向市场经济进行转变。1993 年 11 月，党中央决定在我国实行职业资格证书制度。1994 年 2 月 22 日，劳动部、人事部联合下发了《关于颁发〈职业资格证书规定〉的通知》（劳部发［1994］98 号）。

1995 年 9 月，我国颁布了第一部对工程师注册资格进行管理的《中华人民共和国注册建筑师条例》，此后，建设部又陆续建立了注册结构工程师资格管理制度等，其他一些部委也在积极对相关专业执业工程师制度的理论发展和建立进行实践探索。

管理机构方面，2001 年 1 月 8 日，人事部和建设部联合下发了《关于成立全国注册工程师工作领导小组的通知》（人发［2001］4 号）。由全国注册工程师工作领导小组统一协调和指导我国各类注册工程师制度的规划实施工作，分行业逐步建立和推行工程技术各专业领域的执业资格注册制度。

当时的全国注册工程师工作领导小组成员中，人事部任组长，建设部任执

行组长,中国工程院任副组长;成员有教育部、国家计委、国家经贸委、交通部、铁道部、国家环保总局、国土资源部、国家测绘局、水利部等。

2. 发展现状

我国职业资格制度实质是一种岗位准入的行政许可制度,它由行政机关依法赋予行政相对人从事某种活动的法律资格,获得从事某一职业的许可。人力资源和社会保障部是我国职业资格制度的统一主管部门,职业资格制度通过考试、注册/登记、职业咨询、职业培训、继续教育等手段,提高从业人员就业素质,使从业人员获得相应资格。我国职业资格制度的特点是:全部是国家强制性管理的职业资格;资格全部通过考试的方式取得;在标准的制定、考试等方面,政府起主导作用。

在管理体制方面,我国的工程师职业资格制度,通过国家法律、法令或行政法规的形式,以政府的力量来推行,由政府认定和授权的机构来实施。一般采取由国务院人事劳动部门主管,人事劳动部门与业务部门分工协作的管理体制。国务院人事行政主管部门负责工程师职业资格评价和证书的核发与管理,劳动部门负责以技能为主的职业资格评价和证书的核发与管理。国务院业务主管部门在人事、劳动部门指导下,参与相关的工程师职业资格制度建设工作。在认证模式上,我国采用了国际上通行的第三方认证模式,即由独立于供给方和需求方的中介组织进行认证,认证评价鉴定机构由政府授权。第三方认证制度是我国人力质量认证和资格管理方式的一个根本性变革,对于提高我国人力资源质量评价系统的科学性和权威性有重要作用,为我国人力资源开发最终走向国际化、参与国际经济竞争创造了条件。

在管理模式上,(1)政府部门直接管理。政府部门直接从事标准制定、资格审查、注册管理等工作。如注册安全工程师由国家安全生产总局人事司具体管理,质量工程师由国家质检总局质量司管理。(2)行业中介机构管理。参照国外管理模式,由行业协会、学会具体负责职业资格的有关管理。如中国建设监理协会具体负责监理工程师的管理、中国注册会计师协会具体负责注册会计师的管理。(3)事业单位管理。政府授权的事业单位管理,由政府授权的专门机构(一般为事业单位)负责相关职业资格管理,如建设部职业资格注册中心、交通部技术资格评价管理中心等具体负责相应职业资格的管理工作。

我国工程师职业资格制度主要经验包括:

(1)由国家推动和组织,并积极发挥行业部门的作用。根据我国社会主义市场经济的国情,我国在推行执业资格制度的初步阶段,较多地由国家、部门组织推动,一般都是通过国家制定法规和政策文件,由国家人事部门总体规划和协调,其他各专业部门具体组织实施,也可直接委托具备条件的行业协会进行实施。

(2)参考国际通行做法,坚持执业资格的高标准。我国在有关专业领域建立执业资格制度时,都要对世界各国在该专业领域实施执业资格制度进行调研,了解各个国家实施执业资格制度的法律体系、资格标准、培训、考试、注册等各方面的做法,研究各国的特点,并结合我国的实际情况,来设计我国在该专业领域实施执业资格制度的方案。一些专业还直接采用了发达国家的标准。如一级注册建筑师引用了美国的考试标准,注册结构工程师参考了英国的标准体系,注册税务师充分吸取了日本的做法。此外,执业药师等许多执业资格的标准及做法也都借鉴了各国的好做法。

(3)合理规划,科学论证,先行试点,逐步推广。国家人事部及有关部门对各专业领域进行了比较系统的调查研究,初步确定了我国执业资格制度的发展规划,并重点在工程设计、法律服务、经济鉴证、生命安全、质量检验监督及其他重要领域加快实施执业资格制度。坚持打破部门界限,实行国家统筹安排、行业归口管理的工作格局。在具体推行有关专业执业资格制度时,坚持做到科学论证和严格审批,一般都要组织专家进行系统论证,征求相关部门和行业的意见,遵循了一套规范的前期论证审批程序。一些难以借鉴其他做法或条件不是非常成熟的专业,还采取先期试点,在实践中摸索经验,不断完善管理办法。

(4)实施严格的管理和监督,保证执业资格制度规范实施。为了顺利组织实施执业资格制度,一些专业在推行执业资格制度的初期,就通过立法进行规范管理,对于其他已经实施的执业资格,也都制定了部门规章进行管理。除此之外,我国还在培训、考试、注册、执业等共同管理环节上颁布了一系列规定,以确保执业资格制度规范发展。在实际管理过程中,各个管理机构都能按照相应的规定严格进行操作,国务院人事和各专业部门、行业协会相互配合、相互监督。

在政府强有力的推动下,借鉴国外现有的经验,我国职业资格制度在短时间内取得了很大的进展。据统计,国内已有 23 个行业、90 个职业工种有了职业资格证书的准入门槛。人力资源和社会保障部已经推出了 30 多项职业资格认证,如表 2-3 所示。

表 2-3 我国部分职业领域工程师职业资格

职业领域	工程师职业资格
建设工程	注册建筑师,勘察设计注册工程师,监理工程师,造价工程师,房地产估价师,房地产经纪人,注册城市规划师,建造师
计算机	计算机维修员,计算机操作员,计算机网络管理员,企业信息管理师,电子商务师,计算机程序设计员
安全工程	注册安全工程师职业资格,安全评价师职业资格,职业安全健康管理体系认证外审员,内审员职业资格,灾害信息员职业资格
制药工程	执业药师
仪器仪表工程	仪器仪表工程师
注册电气工程	注册电气工程师
林业工程	造价工程师,监理工程师,环境影响评价工程师
机械工程	机械工程师
车辆工程	汽车工程师专业技术资格认证
石油天然气	钻井工程师,油田化学工程师,油气开采工程师,油气储运工程师,油气藏分析工程师,勘察设计注册石油天然气工程师,注册石油天然气工程师油气储运专业
纺织	纺织工程师
食品工程	公共营养师
核能与核技术工程	注册核安全工程师
软件工程	计算机软件专业技术资格,通信工程师,汽车修理士
交通运输工程	勘察设计注册土木工程师(道路工程),国际海运师,注册土木工程师(港口与航道工程),公路水运工程监理工程师,公路工程造价人员,水运工程造价人员,机动车检测维修专业技术人员,注册验船师
地质工程	注册地质师
水利工程	注册土木工程师(水利水电工程)资格(合建),水利工程造价工程师,水利工程建设监理人员资格(含总监理工程师,监理工程师)(合建)
测绘工程	注册测绘师
轻工技术与工程	白酒酿造工,啤酒酿造工,黄酒酿造工,露酒酿造工,酒精制造工,酿酒师,品酒师,调酒师

资料来源:《工程师职业资格调研报告》,清华大学课题组,2015 年 12 月

（二）我国工程师职业准入制度的典型案例

1. 注册监理工程师职业资格制度

从 1988 年开始，我国在建设领域推行工程建设监理制度，工程项目的业主委托经政府批准认可、具有一定资质的工程建设监理单位，对工程建设实施的专业化监督、管理和有关的技术服务。包括：工程项目前期的可行性研究；审查设计概预算；监督、管理工程承包合同的履行，掌握工程建设信息，控制工程质量、工期和造价，协调业主与承包商间的关系。工程建设监理是一项涉及许多学科，包括多个专业的技术、经济、管理等知识的系统工程。从事工程建设监理的人员不仅要有理论知识，要懂设计、懂施工、懂管理，还要有组织、协调能力，更重要的是应懂合同、懂经济、懂法律。因此，需要一专多能的复合型人才来担当。1990 年 7 月，建设部在全国确认了第一批监理工程师资格。1992 年 6 月，建设部颁发《监理工程师资格考试和注册试行办法》（建设部第 18 号令），正式建立了监理工程师职业资格制度。1993 年 5 月建设部、人事部印发了《关于〈监理工程师资格考试和注册试行办法〉实施意见的通知》，将监理工程师职业资格制度纳入国家职业资格制度统一管理。

（1）监理工程师职业资格的组织管理

监理工程师是国家统一管理的职业资格制度，具有政府强制性。人事部和建设部负责全国监理工程师职业资格制度的政策制定、组织协调、资格考试和监督管理工作。建设部负责组织拟定考试科目，编写考试大纲、培训教材和命题工作。人事部负责审定考试科目、考试大纲和试题，组织实施各项考试工作；会同建设部对考试进行检查、监督、指导和确定考试合格标准。

（2）监理工程师资格考试

① 考试实施机构和方式

监理工程师的资格考试工作，由监理工程师资格考试委员会或注册主管部门授权的考试主管机构负责组织实施。监理工程师资格考试委员会主要有三种组织形式，即全国监理工程师资格考试委员会，省、自治区、直辖市监理工程师资格考试委员会，以及国务院工业、交通等部门监理工程师资格考试委员会。全国监理工程师资格考试委员会由国务院建设行政主管部门批准成立。

各省、自治区、直辖市和国务院工业、交通等部门的监理工程师资格考试委员会,分别由省、自治区、直辖市人民政府建设行政主管部门和国务院工业、交通等部门批准成立,同时报国务院建设行政主管部门备案。监理工程师资格考试委员会为非常设机构,于每次考试前两个月组成并开始工作。省、自治区、直辖市和国务院工业、交通等部门的监理工程师资格考试委员会,在全国监理工程师资格考试委员会的指导下开展工作。

监理工程师职业资格考试实行全国统一大纲、统一命题、统一组织的办法,每年举行一次。考试科目为工程建设监理基本理论和相关法规,工程建设合同管理,工程建设质量、投资、进度控制,工程建设监理案例分析等四科。

② 考试申请条件

凡欲申请监理工程师注册的人员,必须先通过资格考试;未经资格考试或者考试未通过的,不得申请注册。《试行办法》中对申请监理工程师资格考试者,作了以下条件规定:

a)具有高级专业技术职称,或取得中级专业技术职称后具有 3 年以上工程设计或施工管理实践经验;

b)在全国监理工程师注册管理机关认定的培训单位经过监理业务培训,并取得培训结业证书。

(3) 监理工程师的注册制度

监理工程师的注册,实行分级、分部门管理的体制,以协调中央与地方、地方与部门之间的关系。《试行办法》中规定,国务院建设行政主管部门为全国监理工程师的注册管理机关,各省、自治区、直辖市人民政府建设行政主管部门为本行政区域地方建设监理单位监理工程师的注册机关;国务院工业、交通等部门为本部门直属建设监理单位监理工程师的注册机关。

凡申请监理工程师注册的人员,必须同时具备四个条件:

a)热爱中华人民共和国,拥护社会主义制度,遵纪守法,遵守监理工程师职业道德;

b)身体健康,胜任工程建设项目的现场监理工作;

c)获得高级建筑师、高级工程师、高级经济师等任职资格,或者获得建筑师、工程师、经济师等任职资格后,具有三年以上工程设计或施工实践经验;

d)经监理工程师资格考试合格。

监理工程师注册的申请,由申请者所在的建设监理单位向相应的注册管理部门提出。监理工程师注册管理部门收到注册申请后,经过严格的资格审查,对于合格的,根据需要和注册计划择优予以注册,并发给监理工程师岗位证书。监理工程师岗位证书的格式,由国务院建设行政主管部门统一制定。具体的证书由进行资格审查的注册管理部门负责颁发。

注册机关每五年复查一次监理工程师的资格。凡复查不合格的由原注册管理部门注销其注册,并收回监理工程师岗位证书。监理工程师退出所在的建设监理单位或者被解聘,由该单位报告原注册管理部门核销注册,核销注册不满五年再从事监理业务的经由拟聘用的工程监理单位向本地区或本部门监理工程师注册机关重新申请注册。按《试行办法》的规定,国家行政机关现职工作人员,不得申请监理工程师注册。

(4)注册监理工程师的执业责任

注册监理工程师执行业务的机构是监理单位,注册监理师不得同时受聘于两个或两个以上监理单位执行监理业务。其执行业务由监理单位统一接受委托并指派,统一收费,注册监理师不得私自承接业务,私自收费。因监理工程师直接责任造成的过错,给业主方造成经济损失,监理工程师所在单位承担赔偿责任,再由监理单位对监理工程师根据其责任大小,进行追偿。

2. 仪器仪表工程师职业资格制度

(1) 基本概况

经中国科学技术协会批准,中国仪器仪表学会从 2005 年正式开展测量控制与仪器仪表工程师资格认证工作,学会多次同中国科协、人事部全国人才流动中心、各有关高校、企事业单位等有关方面认真研究,制定了开展工程师资格认证的方针、原则、指导文件和实施办法,成立了由院士、专家、教授和学会高层领导组成的领导小组、各专门委员会和执行办公室;在清华大学等 15 所著名高校建立了首批工程师资格培训考试中心,建立了 10 个培训点,委托清华大学、天津大学组织专家教授编写出四十万字的专门培训教材两本。

中国仪器仪表学会开展测量控制与仪器仪表工程师资格认证,不仅中国科协给予了全力支持,众多高校给予了积极配合,而且受到社会特别是仪器、仪表行业的广泛关注和热情支持,上海精密科学仪器有限公司、上海自动化仪表股份有限公司、浙江中控技术(集团)有限公司、上海工业自动化仪表研究所、ABB(中国)有限公司等几十家国内外知名企业对中国仪器表仪表学会认证的仪器仪表工程师资格都予以认可。近年来在工程师资格国际互认方面更是取得了重大突破,2007年中国仪器仪表学会与英国测量与控制学会(The Institute of Measurement and Control—InstMC)经多次协商,签订了工程师互认协议。目前中国已有7人获得英联邦工程师资格,其中6人为特许工程师(CE)。此外,中国仪器仪表学会还将继续跟进与香港工程师学会以及英国营运工程师学会(The Society of Operations Engineers)香港分会工程师资格互认事项,力争早日达到国际互认,在认证及互认过程中,借鉴和学习国内外相关机构的经验。

(2)管理法规

①《测量控制与仪器仪表工程师资格认证简章》

②《测量控制与仪器仪表工程师资格考试办法》

③《测量控制与仪器仪表工程师资格培训考试中心工作条例》

(3)管理机构

① 领导小组

顾问为中国科学院工程院院士和工程院院士;中国工程院任领导小组组长;中国仪器仪表学会、人事部任副组长。

② 领导小组下设机构

办公室:设主任1名,副主任2名;

评审委员会:设主任1名,副主任2名,委员12名;

教材编审与考试委员会:设主任1名,副主任2名,委员12名;

培训考试中心:15个,设在清华大学精密仪器与机械学系、天津大学精密仪器与光电子工程学院、上海交通大学仪器工程系、东南大学仪器科学与工程系、华中科技大学控制系、国防科技大学三院仪器系、合肥工业大学仪器仪表学院、西安电子科技大学机电工程学院测控系、四川大学测控系、重庆大学光电工程学院、哈尔滨工业大学电气工程学院、厦门大学机电工程系、华南理工大学继续教育学院、浙江大学生物医学工程与仪器科学学院、沈阳工业大学。

(4)管理方式

为适应我国工程师制度的改革和政府职能的转移,逐步实现技术资格认证从政府主管部门负责到由中介学术组织承担和从国内认证到国际互认的转变,促进我国专业技术人才成长和学科发展,中国仪器仪表学会正式开展测量控制与仪器仪表工程师资格认证和资格证书颁发,旨在为用人单位聘任相应职务提供依据。资格认证面向全国从事工业自动化仪表与控制系统、科学仪器、电子测量与电工测量仪器、医疗仪器、各类专用仪器、传感器与仪器仪表元器件及功能材料各专业的设计、研究、制造、应用、维修、管理和营销等各类专业技术人员。认证工作实行公平、公开和公正的原则,资格认证同继续教育紧密结合,在资格认证的同时开展技术培训,以满足广大专业技术人员不断增加新知识、谋求新发展的需求,并为参加资格考试做好准备。对已取得资格证书的人员实行登记注册制度,进行跟踪调查。

① 报名:凡自愿申请参加测量控制与仪器仪表工程师(包括工程师和高级工程师)资格认证的专业技术人员,均可向中国仪器仪表学会委托授权建立的培训考试中心报名。

② 培训:以授课为主,并辅以讲座和参观。授课开设两门课程:测量控制与仪器仪表前沿技术及发展趋势和测量控制与仪器仪表现代系统集成技术。两门培训课程教材由中国仪器仪表学会组织专家教授编写,授课教师由各培训考试中心聘请具有广博专业知识和丰富实践经验的专家教授担任。培训地点集中在培训考试中心,对部分学员较多但非培训考试中心所在地的城市或单位,培训考试中心可视条件为其专门设置培训点。培训结束后由中国仪器仪表学会颁发"测量控制与仪器仪表工程师资格培训结业证书"。

③ 资格考试:资格考试由中国仪器仪表学会统一组织,由专家统一命题统一评卷。考试地点设在各培训考试中心,资格考试成绩将作为资格认证的重要依据。

④ 资格认证:资格考试完毕,专家评卷结束后进行资格认证评审工作,由资格认证评审委员会组织专家进行。评审主要依据是申报人的资格考试成绩和基本条件。凡通过工程师资格评审,确认工程师、高级工程师资格,由中国仪器仪表学会颁发"测量控制与仪器仪表工程师(高级工程师)资格认证证书"。该证书可作为全国各企事业单位聘任专业工程师的依据。

(5)具体条件

① 专业条件:掌握本专业的基础理论知识和专业技术知识,熟悉本专业

国内外现状和发展趋势;具有独立工作能力,能解决本专业范围的技术问题。而要获得测量控制与仪器仪表高级工程师资格应具备的专业条件是:具有坚实的专业基础理论知识和专业技术知识,熟悉本专业领域国内外现状和发展趋势;有独立承担重要研究课题或有主持和组织重大工程项目的能力,能解决本专业领域的关键性技术问题。

② 申请工程师资格认证的基本条件:获得博士学位;获得硕士学位或取得第二学士学位,从事助理工程师工作二年左右;获得学士学位或大学本科毕业,从事测量控制和仪器仪表专业工作四年以上;大学专科毕业,从事测量控制和仪器仪表专业工作五年以上。对工作中成绩显著、贡献突出的工程技术人员,学历和工作经历的要求可适当放宽。

③ 申请高级工程师资格认证的基本条件:获得博士学位后,从事工程师专业工作二年以上;大学本科毕业以上学历,从事工程师专业工作五年以上。对工作中成绩显著、贡献突出的工程技术人员,从事工程师专业工作五年以上,可不受学历限制。

(6)保持职业资格所必需的继续教育(培训)要求

测量控制与仪器仪表工程师资格认证面向全国测量控制与仪器仪表各类专业技术人员,包括从事设计、研究、制造、应用、维修、管理和营销等工作岗位的专业技术人员。学科专业领域包括工业自动化仪表与控制系统、科学仪器、医疗仪器、电子与电工测量仪器、各类专用仪器,仪器仪表相关传感器与专用元器件及功能材料等。工作行业包括能源(电力、石油、煤炭、天然气等行业),交通运输(铁路、公路、水路、航空运输、管道运输、城市轨道等行业),环保,冶金,化工,石油化工,机械,建材,轻工(包括纺织、造纸、酒业等),农业(包括农业生产和农产品深加工业),信息产业,医疗,智能建筑和智能小区,防疫检疫,商品质量检验,安全部门等制造和应用仪器仪表的各种行业。

为申报人参加资格考试做好准备,使申报人的资格考试成绩真实反映申报人的专业条件,从而能较顺利地通过专业资格认证。因为测量控制和仪器仪表专业的基础理论知识、专业技术知识、专业的国内外现状和发展趋势、独立工作和解决专业问题的技术能力太广,不进行资格认证考试的培训而直接参加资格认证考试,会使资格认证考试难以真实反映资格认证申请人的专业条件,从而不能通过资格认证。此外,资格培训也是为了满足测量控制和仪器仪表专业技术人员不断增加新知识,使已有知识系统化,以谋求专业新发展或更好择业的需求。

3. 注册安全工程师职业资格制度

(1) 职业资格主管部门

注册安全工程师的注册、执业活动由国家安全生产监督管理总局(以下称"国家安监总局")对实施统一监督管理。国务院有关主管部门对本系统注册安全工程师的注册、执业活动实施监督管理;省、自治区、直辖市人民政府安全生产监督管理部门对本行政区域内注册安全工程师的注册、执业活动实施监督管理;省级煤矿安全监察机构对所辖区域内煤矿安全注册安全工程师的注册、执业活动实施监督管理。

(2) 注册安全工程师职业资格申请条件

依据《注册安全工程师执业资格制度暂时规定》,注册安全工程师职业资格考核和注册需要申请人满足一定条件,否则不予通过。

① 学历基本要求

由于注册安全工程师工作形式多样,面向对象复杂,其最低学历要求设置很低,最低学历水平可以是中专。

② 实践基本要求

对满足不同层次学历条件的申请人,提出相关实践基本要求,分别是:

取得安全工程、工程经济类专业中专学历,从事安全生产相关业务满7年;或取得其他专业中专学历,从事安全生产相关业务满9年。

取得安全工程、工程经济类大学专科学历,从事安全生产相关业务满5年;或取得其他专业大学专科学历,从事安全生产相关业务满7年。

取得安全工程、工程经济类大学本科学历,从事安全生产相关业务满3年;或取得其他专业大学本科学历,从事安全生产相关业务满5年。

取得安全工程、工程经济类第二学士学位或研究生班毕业,从事安全生产相关业务满2年;或取得其他专业第二学士学位或研究生班毕业,从事安全生产相关业务满3年。

取得安全工程、工程经济类硕士学位,从事安全生产相关业务满1年;或取得其他专业硕士学位,从事安全生产相关业务满2年。

取得安全工程、工程经济类博士学位;或取得其他专业博士学位,从事安全生产相关业务满 1 年。

同时,我国对安全行业中具备相当资格的人,做出了免试的相关政策。对符合注册安全工程师执业资格考试报考条件,且在 2002 年底前已评聘高级专业技术职务,并从事安全生产相关业务工作满 10 年的专业人员,可免试"安全生产管理知识"和"安全生产技术"两个科目,只参加"安全生产法及相关法律知识"和"安全生产事故案例分析"两个科目的考试。

根据人事部《关于做好香港、澳门居民参加内地统一举行的专业技术人员资格考试有关问题的通知》(国人部发〔2005〕9 号)文件精神,自 2005 年度起,凡符合注册安全工程师执业资格考试有关规定的香港、澳门居民,均可按照规定的程序和要求,报名参加相应专业考试。香港、澳门居民申请参加注册安全工程师执业资格考试,在资格审核时应提交本人身份证明、国务院教育行政部门认可的相应专业学历或学位证书,以及相应专业机构从事相关专业工作年限的证明。通过注册安全工程考试的人员必须进行注册登记,才能取得职业资格。申请注册的人员,必须同时具备的条件包括:

a)取得资格证书;

b)在生产经营单位从事安全生产管理、安全技术工作或者在安全生产中介机构从事安全生产专业服务工作。

(3)注册安全工程师职业资格认证程序

注册安全工程师执业资格由人事部、国家安全生产监督管理局负责政策制定、组织协调、资格考试、注册登记和监督管理等工作。各地注册安全工程师执业资格制度,纳入各地级市政府专业技术人员执业资格制度统一管理。北京地区注册安全工程师执业资格考试工作,由北京市人事局和北京市安全生产监督管理局共同组织实施。北京市人事局负责考务管理和执业资格证书颁发工作,北京市安全生产监督管理局负责考前培训和执业资格证书注册管理工作。

注册安全工程师执业资格考试合格者,由各地级市政府人事局颁发人事部统一印制人事部和国家安监总局用印的《中华人民共和国注册安全工程师执业资格证书》,该证书在全国范围有效。

注册安全工程师职业资格考核、注册程序如图 2-2 所示。

(4)注册安全工程师资格考试

注册安全工程师执业资格实行全国统一大纲、统一命题、统一组织的考试

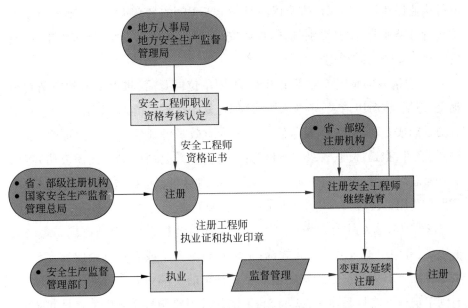

图 2-2　注册安全工程师认证程序

制度,原则上每年举行一次,均在 9 月举行。国家安监总局负责拟定考试科目、编制考试大纲、编写考试用书、组织命题工作,并统一规划考前培训等。考前培训工作按照培训与考试分开、自愿参加培训的原则进行。人事部负责审定考试科目、考试大纲和考试试题,组织实施考务工作。会同国家安监总局对注册安全工程师执业资格考试进行检查、监督、指导和确定合格标准。

考试科目:安全生产法及相关法律知识、安全生产管理知识、安全生产技术、安全生产事故案例分析。

成绩管理:注册安全工程师执业资格考试的考试成绩实行两年为一个周期的滚动管理办法。参加全部四个科目考试的人员必须在连续的两个考试年度内通过全部科目;免试部分科目的人员必须在一个考试年度内通过应试科目。

(5) 安全工程师注册登记及管理

根据《注册安全工程师注册管理办法》,注册安全工程师执业资格证书实行定期注册登记制度。资格证书持有者应按有关规定到北京市安全生产监督管理局或其指定的机构办理注册登记审核手续。北京市人事局对注册安全工程师执业资格注册和使用情况进行监督、检查。取得资格证书的人员,经注册取得执业证和执业印章后方可以注册安全工程师的名义执业。注册安全工程师实行分类注册,注册类别包括:煤矿安全;非煤矿矿山安全;建筑施工安全;危险物品安全;其他安全。

① 申请人向聘用单位提出申请,聘用单位同意后,将申请人的申请材料提交,包括:注册申请表;申请人资格证书(复印件);申请人与聘用单位签订的劳动合同或者聘用文件(复印件);申请人有效身份证件或者身份证明(复印件)等文件,报送部门、省级注册机构;中央企业总公司(总厂、集团公司)经国家安监总局认可,可以将本企业申请人的申请材料直接报送国家安监总局;申请人和聘用单位应当对申请材料的真实性负责。

② 部门、省级注册机构在收到申请人的申请材料后,应当作出是否受理的决定,并向申请人出具书面凭证;申请材料不齐全或者不符合要求,应当当场或者在 5 日内一次性告知申请人需要补正的全部内容。逾期不告知的,自收到申请材料之日起即为受理。部门、省级注册机构自受理申请之日起 20 日内将初步核查意见和全部申请材料报送国家安监总局。

③ 国家安监总局自收到部门、省级注册机构以及中央企业总公司(总厂、集团公司)报送的材料之日起 20 日内完成复审并做出书面决定。准予注册的,自做出决定之日起 10 日内,颁发执业证和执业印章,并在公众媒体上予以公告;不予注册的,应当书面说明理由。

申请人有下列情形之一的,不予注册:

不具有完全民事行为能力的;

在申请注册过程中有弄虚作假行为的;

同时在两个或者两个以上聘用单位申请注册的;

国家安监总局规定的不予注册的其他情形。

注册有效期为 3 年,自准予注册之日起计算。注册有效期满需要延续注册的,申请人应当在有效期满 30 日前,提出延续注册申请。注册审批机关应当在有效期满前做出是否准予延续注册的决定;逾期未作决定的,视为准予延续。在注册有效期内,注册安全工程师变更执业单位,应当提出申请,办理变更注册手续。有下列情形之一的,注册安全工程师应当及时告知执业证和执业印章颁发机关,重新具备条件的,应申请重新注册或者变更注册。注册安全工程师在办理变更注册手续期间不得执业。

如发生下列情形,应当将执业证和执业印章收回,并办理注销注册手续:

(1) 注册安全工程师受到刑事处罚的;

(2) 有本规定第十五条规定情形之一未申请重新注册或者变更注册的;

(3) 法律、法规规定的其他情形。

聘用单位应当为注册安全工程师建立执业活动档案,并保证档案内容的真实性。

(6) 继续教育

继续教育按照注册类别分类进行。注册安全工程师在每个注册周期内应当参加继续教育,时间累计不得少于 48 学时。继续教育由部门、省级注册机构按照统一制定的大纲组织实施。中央企业注册安全工程师的继续教育可以由中央企业总公司(总厂、集团公司)组织实施。继续教育应当由具备资质的安全生产培训机构承担。煤矿安全、非煤矿矿山安全、危险物品安全(民用爆破器材安全除外)和其他安全类注册安全工程师继续教育大纲,由国家安监总局组织制定;建筑施工安全、民用爆破器材安全注册安全工程师继续教育大纲,由国家安监总局会同国务院有关主管部门组织制定。

4. 水利工程领域工程师职业资格制度

经过十多年的实践和探索,水利工程领域工程师职业资格已较为完备,主要有:注册土木工程师(水利水电工程)资格(合建);水利工程造价工程师;水利工程建设监理人员资格(含总监理工程师、监理工程师)(合建)。

(1) 注册土木工程师(水利水电工程)

水利水电工程是国民经济的基础设施和基础产业,其工程质量直接关系国计民生,勘察设计队伍的规范化管理日益显示出其重要性;同时,加入 WTO 的过渡期已过,注册工程师制度迫切需要与世界接轨。在水利水电勘察设计行业设置注册执业制度,对加强水利水电工程勘察设计人员的管理、保证工程质量、维护社会公共利益和人民生命财产安全、促进水利水电勘察设计市场健康有序发展有着重要作用,对于我国加入 WTO 后水利水电勘察设计咨询市场即将面临的全部开放、与已建立执业注册制度国家的执业资格相互准入、保护我国水利水电勘察设计咨询行业发展有着重要意义。水利水电工程建设具有投资大、周期长、公益性强、技术复杂的特点,这就要求水利水电工程勘察设计人员在理论以及实践经验方面都达到相应的水准,注册工程师制度将把住水利勘察设计人员的市场准入关。

经过几年的筹备,原人事部、原建设部、水利部三部委联合推出了注册土木工程师(水利水电工程)执业资格制度,并于 2005 年 9 月 1 日起正式施行,同时全面开展考核认定。依托全国水利水电勘察设计协会成立了全国勘察设计注册工程师水利水电工程专业管理委员会。注册土木工程师(水利水电工程)资格实行全国统一考试,每年举行一次。考试内容包括基础考试和专业考试。基础考试包括:高等数学、普通物理、普通化学、理论力学、材料力学、流体力学、计算机应用技术、电工电子技术、工程经济。专业考试包括水利水电专业知识和案例,内容覆盖法规条例、水文水资源评价、水利水电地质、工程总体设计、水工建筑物、工程任务与规模、施工组织设计及工程投资、征地移民、水土保持、环境影响评价、经济评价、项目管理等方面。

考试合格者获得"中华人民共和国注册土木工程师(水利水电工程)资格证书"。取得资格证书的人员,经建设部、水利部注册审批后,可以以注册土木工程师(水利水电工程)的名义执业。每一注册的有效期为 3 年,届满后需申请延续注册。注册土木工程师(水利水电工程)执业资格制度实施后,水利水电工程勘察设计文件必须由注册土木工程师(水利水电工程)签字并加盖执业印章方可生效。

(2) 水利工程造价工程师

申请水利工程造价工程师,须参加中国水利工程协会组织的资格考试,合格后方可取得"全国水利工程造价工程师资格证书"。造价工程师资格施行全国统一考试,一般每两年举行一次。取得资格证书后,在 3 年内至少参加一次教育培训,以保持其资格的有效性。《水利工程造价工程师注册管理办法》(水建管[2007]83 号)规定:凡水利工程建设的中央项目、中央参与投资的地方项目和地方投资的大型项目,其项目建议书投资估算、可行性研究投资估算、初步设计概算、招标文件的商务条款、招标标底、建设实施阶段的项目管理预算和价差计算、竣工决算报告中关于概算与合同执行情况部分以及上述文件的相关附件等文件的编制,必须有注册水利工程造价工程师参与把关。上述文件的校核、审核和咨询人员必须具备注册水利工程造价工程师资格,文件的扉页必须由上述人员加盖注册水利工程造价工程师执业印章,否则视为文件不合格,主管部门不予审查或审定。

(3) 水利工程建设监理工程师

水利工程建设监理工程师,是经全国水利工程建设监理资格统一考试合格,经批准获得"水利工程建设监理工程师资格证书",并经注册取得"水利工程建设监理工程师岗位证书"的工程建设监理人员。监理工程师资格考试,一般每年举行一次,全国统一考试。水利部水利工程建设监理资格评审委员会负责监理工程师资格评审的日常工作,办公室设在水利部建设司。注册机关每两年对"水利工程建设监理工程师岗位证书"持有者复查一次。取得资格证书后,在3年内至少参加一次教育培训,以保持其资格的有效性。

水利工程建设监理资格证书分为总监理工程师和监理工程师。总监理工程师施行岗位资格管理制度,监理工程师实行执业资格管理制度。监理工程师的监理专业分为水利工程施工、水土保持工程施工、机电及金属结构设备制造、水利工程建设环境保护4类。其中,水利工程施工类设水工建筑、机电设备安装、金属结构设备安装、地质勘察、工程测量5个专业,水土保持工程施工类设水土保持1个专业,机电及金属结构设备制造类设机电设备制造、金属结构设备制造2个专业,水利工程建设环境保护类设环境保护1个专业。总监理工程师不分类别、专业。

第三章　以国际实质等效为基础的工程师能力及形成路径

本章研究在全球流动的大背景下国际实质等效的工程师素质能力及培养机制,对国际与国内工程师的能力特质进行分析,从而更好地设计我国工程教育认证与工程师执业资格的连接路径。

一、以国际实质等效为基础的工程师能力解析

本节以国际实质等效为基础,分析欧美工程师组织对工程师职业能力的要求,对工程师职业能力及形成路径进行研究。通过欧洲的工程师标准、《华盛顿协议》的基本内容及其主要签约成员的工程师制度对工程师能力特质进行分析、探究,重点探讨英、美、德等国的工程师能力标准及培养路径,从而提出与我国工程师执业资格连接的建议。

(一)《华盛顿协议》对工程师能力特质的要求

《华盛顿协议》是一个全球范围的工程教育专业认证体系,其对毕业生属性和职业能力(Graduate Attributes and Professional Competencies,GAPC)的要求体现了该协议对工程师能力特质的理解,是当前国际通行的工程师能力要求表述。

《华盛顿协议》的签约成员认为有必要描述它们所认证专业的毕业生属性和职业能力标准(GAPC Profile),他们认为工程师的发展必须经过三个重要阶段:第一个阶段要取得经认证的教育资质,即成为经认证专业的毕业生;第二个阶段要经过一段时间的培训和工程实践历练,即职业注册阶段;第三个阶段

是达到不同机构的国际注册资格要求。此外,工程师还要通过工作来保持和增强个人能力。一个胜任的工程师应具备所从事的职业必需的素质,并且要达到工作或实践要求的标准。每个职业类别的职业能力概述都全面记录了专业人员胜任工作必需的能力因素。职业类别可以用一系列在很大程度上和毕业生素质相对应的属性加以描述,但两者强调的重点不同。例如,职业能力更强调在真实工程情境中承担责任的能力。职业能力与毕业生核心素质的不同在于,前者不是一系列可以单独展现的能力,它需要进行综合评估。

《华盛顿协议》签约成员制定了对毕业生核心素质和工程师职业能力的要求,并区别于《悉尼协议》《都柏林协议》的毕业生素质和工程技术专家、工程技术员的职业能力要求,体现对本科层次毕业生素质和工程师能力的特别要求,见表3-1、表3-2所示。

表 3-1 《华盛顿协议》的毕业生素质要求

	指标	特点	内容
1	学术教育	教育广度和深度	完成一个经认证的高等教育专业4年或更长时间的学习
2	工程科学知识	教育广度和深度及知识类型,包括理论和实践知识	把数学、科学、工程基础知识和具体的工程专业的知识应用到工程模型的概念化中
3	问题分析	分析的复杂性	确认、形成和研究文献,并解决问题,运用数学和工程科学原则得出实证性的结论
4	解决方案的设计及开发	工程问题的广度和独特性,即问题的新颖度以及确认和综合解决方案的程度	在适当考虑公共卫生和安全、文化、社会、环境的前提下为工程问题设计解决方案以及满足特定要求的系统、成分及过程
5	调查	调查和实验的广度和深度	对复杂问题开展调查,包括实验的设计、数据分析和解释、信息的综合,以得出有效结论
6	现代工具的应用	对工具适宜性的理解水平	在复杂工程活动中,创造、选择和运用合适的技术、资源以及现代工程工具。包括预测和模仿,并了解其局限性

续表

	指标	特点	内容
7	个人和团体工作	扮演的角色及团体的不同	充分有效发挥个人作用,在各种团体或多科学领域背景下充分有效发挥成员或领导作用
8	交流能力	所从事活动的不同类型体现出的交流水平	在复杂工程活动中能够与工程团体及整个社会进行有效交流,例如能够理解和起草有效的报告和设计文件,展示有效的汇报并且给出和接受清晰的指导
9	工程师和社会	知识水平和责任	展现对社会、健康、安全、法律和文化问题的理解,以及与工程实践相关的系列责任
10	道德	与其他工程人员无区别	理解和遵守工程实践中的职业道德及规范,履行责任
11	环境和可持续性	与其他工程人员无区别	在社会环境下理解工程解决方案的影响,并展现出对可持续发展的了解的需求
12	工程管理和金融	不同类型的管理活动所需求的管理水平	展现对管理和商业实践的认识和理解,例如风险及变化管理,并了解它们的局限性
13	终身学习	与其他工程人员无区别	认识到独立的终身学习的必要性并有能力进行独立的终身学习

表 3-2　工程师职业能力要求

	指标	特点	内容
1	理解和运用基本知识	教育广度和深度及知识类型	理解和应用实践中广泛应用的原则体现出来的高级知识
2	理解和运用区域性	区域性知识的类型	理解和运用所从属管辖区域的实践中被广泛应用的原则体现出来的高级知识

续表

	指标	特点	内容
3	问题分析	分析的复杂性	定义、调查和分析复杂问题
4	解决方案的设计及开发	问题的性质及解决方案的独特	设计和发展解决复杂问题的方案
5	评估	活动类型	评估复杂活动的效果和影响
6	对决定负责任	对其负责任的活动类型	负责对部分或所有复杂活动做出决定
7	管理工程活动	活动类型	管理一个或更多广义活动的部分或全部
8	道德	—	道德地开展活动
9	维护社会	活动类型	大体认识到复杂活动的合理的、可预见的对社会、文化和环境的影响，并考虑到可持续发展的要求
10	交流能力	与其他工程人员无区别	在活动过程中与人清楚地交流
11	终身学习	与其他工程人员无区别	从事 CPD（Continuing Professional Development 的简写，意为持续职业发展）活动以维持或提高工作能力
12	判断能力	有活动类型相关的活动水平	在所从事的复杂活动中展示很强的判断力
13	法律和监管	与其他工程人员无区别	符合法律和监管的所有要求，维护公共健康和安全

《华盛顿协议》的毕业生核心素质要求和相应的工程师职业能力要求中的复杂问题、广义问题、复杂活动、广义活动是与狭义问题、狭义活动相区别，并通过问题和活动的类型体现工程师与工程技术专家、工程技术员的职业能力区别，以及《华盛顿协议》毕业生与《悉尼协议》《都柏林协议》毕业生的核心素质要求的差别。详见表 3-3、表 3-4 所示。

表 3-3   问题解决范围

	属性	复杂问题	广义问题	狭义问题
1	前言	没有深奥的工程知识不能解决的工程问题,并具备下列一些或全部特点	具备下面一些或全部特点的工程问题	具备下面一些或全部特点的工程问题
2	矛盾要求的范围	涉及广泛的或有争议的技术、工程或其他问题	涉及许多强加的矛盾限制的因素	涉及几个问题,但是没有矛盾限制
3	所需要的分析的深度	没有明显的解决方法,为了形成合适的模型,在分析时需要抽象思维及创造性	通过运用证实过的分析方法加以解决	以标准方法即可解决
4	所需要的知识深度	需要深度知识以采用一个以基本知识为基础的(原则第一位的)分析方法	需要原则知识及应用程序和方法	通过运用有限的理论知识可以解决,但通常需要大量的实践经验
5	问题的熟悉度	涉及不太常见的问题	属于比较常见的问题且用惯常方法便可解决的常见问题	比较常见并且在实践领域中为大多数实践者所熟悉
6	问题的水平	是专业工程实践标准和规范所包含的外在问题	可能是实践标准和规范所包含的部分外在问题	是实践标准和/或规范所包含的问题
7	利益相关方参与程度和矛盾要求水平	涉及具有不同需求的各种利益相关方	涉及具有不同的甚至偶尔冲突的需求的几种利益相关方	涉及具有不同需求的有限的利益相关方
8	结果	在一系列环境内具有重大结果	在局部具有重大结果,但可能会扩展	在局部具有重大结果,但不会扩展
9	相互依赖关系	高水平问题可能会包含许多部分或分问题	复杂工程问题内的部分或分系统	工程系统中的组成部分

表 3-4　工程活动的范围

	属性	复杂活动	广义活动	狭义活动
1	前言	复杂活动是指具有下列一些或全部特点的工程活动或专业	广义活动是指具有下列一些或全部特点的工程活动或专业	狭义活动是指具有下列一些或全部特点的工程活动或专业
2	资源范围	涉及各种资源的利用(为了达到此目的,资源应包括人力、财力、设备、原材料、信息和技术)	涉及许多不同资源(为了达到此目的,资源应包括人力、财力、设备、原材料、信息和技术)	涉及有限的资源(为了达到此目的,资源应包括人力、财力、设备、原材料、信息和技术)
3	相互作用的水平	需要解决广泛或冲突的技术、工程或其他问题之间的互相作用所产生的重大问题	需要解决广泛或冲突的技术、工程或其他问题之间偶然的互相作用所产生的情况,这些问题几乎不冲突	要解决有限的技术、工程问题之间的互相作用所产生的情况,对更大范围内的问题产生微小影响或无影响
4	创造性	涉及以新颖的方式创造性地利用工程学原则知识	涉及创造性地运用新材料、技术或过程	涉及以新的方式运用已有的材料、技术或过程
5	对社会和环境的影响	在一系列环境下有重大作用	对局部重大影响,并且影响有可能扩展	对局部重大影响,但影响不会扩展
6	熟悉度	通过运用以原则为基础的方法可以超越以前的经历	需要具备实施步骤和过程方面的知识	需要具备实施步骤和惯例方面的知识

(二)欧洲工程师协会联盟的工程师标准

欧洲工程师协会联盟(Fédération Européenned'AssociationsNationalesd'Ingénieurs/European Federation of National Engineering Associations,FEANI)成立于1951年,由30多个国家的工程协会联合组成,代表了欧洲约350万名专业工程师的利益。鉴于联盟内各协会均拥有各自的工程专业的认证标准和程序,如何以本国标准客观衡量他国已注册工程师的水准和能力成为主要议题。20世纪90年代初,为促成欧洲统一市场和保证成员国家工程师的自由流动,

FEANI 在承认各国工程教育体制多样化的前提下,由 22 个成员国于 1992—1993 年创设了"欧洲工程师"(Eur·Ing)专业称号,同时建立了一整套相应的制度。具体来讲,FEANI 的主要职能是实现欧洲范围内的工程师质量的等效和互认。

2005 年,FEANI 对于"欧洲工程师"应具备的基本专业能力做了详细的规定,见表3-5:

表 3-5 "欧洲工程师"应具备的基本专业能力(2005 年版)

序号	内容
1	理解工程专业及其服务于社会、职业和环境的责任,致力于专业行为规范的应用
2	熟练掌握数学、相关科学学科与所在工程学科的综合为基础的工程原理
3	了解所在工程领域的工程实践知识,以及材料、部件和软件的属性、状态、制造和使用
4	具有应用适当的理论、实际方法来分析和解决工程问题的能力
5	了解与所在专业领域相关的现有技术和新兴技术
6	具备工程经济学、质量保养与维护的基本知识技能,并具有使用技术信息与统计数据的能力
7	具有在多学科项目中与他人合作的能力
8	具有包括管理、技术、财务和人文关怀的领导能力
9	具有沟通技能和通过持续的专业拓展以保障竞争力的责任感
10	了解所在专业领域的标准及规章制度
11	具有不断进行技术革新的意识,培养在工程专业领域追求创新和创造的态度
12	熟练掌握所需欧洲语言,以便在欧洲各国工作时能有效地沟通

资料来源:Guide To The Feani Eur Ing Register, http://www.engc.org.uk/engcdocuments/internet/Website/Guide%20to%20the%20FEANI%20Register%202013.pdf

(三) 美国工程师的培养模式

美国工程师注册的相关事宜由各州工程师注册局统管,各州工程师注册局共同组成了美国全国工程和测量考试委员会(NCEES)。NCEES 为各州工程师注册局承担了工程师资格考试等工作,以及其他需要协调和统一的工作。

在美国,工程师注册的要求一般都包括教育要求、经验要求与考核要求三个方面。教育要求是指在一般情况下,申请成为工程师的人员必须获得经过指定认证机构即 ABET 下属的工程认证委员会 EAC 认证合格的工程专业的学位;经验要求是指申请成为工程师的人员必须在获得工程学位后,具有经过州工程师注册局认可的一定年限的工程专业工作经验;考核要求是指申请成为工程师的人员必须通过由美国全国工程和测量考试委员会组织并命题的工程基础考试(PE)、工程原理和工程实践考试(PE)。

一般情况下,"成为专业工程师的第一步是获得经过 ABET 认证的工程专业的学位",然后参加由该委员会组织的工程基础考试,接下来需要在工程实践中积累具有一定时限的实际工作经验,最后再通过由 NCEES 组织的工程原理和工程实践考试,就基本可以成为注册工程师了。这一模式在几十年的实施过程中,为美国工程师注册制度的建立和发展奠定了良好基础,为美国工程师注册制度的变革和改进奠定了基础。

一名在高等工程教育专业学习的学生,要想成为注册工程师,需要经过由实习工程师到注册工程师的过程,其间还要满足各种各样的条件。

成为实习工程师的条件与要求:如果是在一个四年制以及四年以上经过 ABET 下属的 EAC 认证的工程专业在读的高年级学生,或者从这样的专业毕业的学生,就有资格参加 NCEES 的 PE 考试。从经过 EAC 认证的工程硕士专业毕业的学生也有资格参加 FE 考试。一旦通过了 FE 考试,并且能够提供所受教育的证明,那么申请人就可以获得实习工程师的执照或者注册成为实习工程师 NCEES 的 PE 考试,如果通过了 PE 考试,并能提供所受教育的证明,那就可以获得注册工程师的称号。一名申请人要想参加 PE 考试,必须满足以下要求之一:(1)拥有工程专业学士学位的实习工程师,并且有四年以上的工程工作经验,有良好的品质以使申请人能够胜任工程实践。(2)满足以下教育与经验要求之一的实习工程师:A. 获得经过 ABET 认证的工程专业的学士学位,拥有工程专业的硕士学位,拥有三年以上的工程工作经验,有良好的品质以使申请人能够胜任工程实践;B. 获得经过 ABET 认证的工程专业的硕士学位,拥有三年以上的工程工作经验,有良好的品质以使申请人能够胜任工程实践。(3)获得工程博士学位的实习工程师,拥有二年以上的工程工作经验,有良好的品质以使申请人能够胜任工程实践。(4)获得工程博士学位的申请者,拥有四年以上的工程工作经验,有良好的品质以使申请人能够胜任工程实践。

从以上要求可以看出,一般情况下,要想有资格参加 NCEES 组织的 PE 考试,首先必须是实习工程师。申请人在成为实习工程师的基础上,满足时间或长或短的教育要求与工程工作经验要求,如果再符合相关的道德品质要求,就可以参加 PE 考试,进而成为注册工程师。

美国"2020 工程师"计划所发表的《愿景报告》①体现了对工程师注册的标准要求,它提出了新世纪工程师所要具备的能力与素质,强调工程师应具备较好的数学与自然科学基础、跨学科的知识结构、领导力和全球视野、可持续发展和职业伦理素质。

(四) 德国工程师的培养模式

国际工程教育发展的两大模式:一种是培养工程师的"毛坯",毕业后在工程实践中成长为合格的工程师,如美国的工程教育;二是直接培养"成品"工程师,典型代表是德国传统的工程教育,在受教育阶段完成合格工程师的培养。

德国的工程师培养完全融合在工程教育中,其传统工程教育实行"文凭工程师制度",毕业生被授予的"文凭工程师"既是专业学位也是职业资格。获得该称号的毕业生不必接受职业岗位培训,可直接上岗,被社会认可为可独立从业的合格工程师。德国传统工程教育以培养合格工程师为目标,是一种完整的专才模式教育,强调职业取向和实践取向,在高校学习期间连续完成学历教育与职业教育;为达到此目标,使毕业生具备合格工程师必需的学识、技能和经验,工程教育分为基础学习和专业学习两个阶段,将理论教学和工程实践有机结合;注重实践能力的培养,对实践时间和实际经验有明确要求,毕业设计真题真做,论文选题均来源于实际的科研课题或生产中急需解决的问题。②

(五) 英国工程师职业能力标准

英国工程委员会(Engineering Council,EngC)是英国工程教育专业认证和工程师注册的统筹负责机构,负责设置工程教育专业认证和工程师注册的总体要求与一般性标准。EngC 对工程界的管理是通过统一协调 36 个工程学会来实现的。

---

① NAE,"The Engineer of 2020:Visions of Engineering in the New Century",WashingtonDC:The National Academies Press,2004.

② 陈新艳,张安富.德国工程师培养模式及借鉴价值[J],理论月刊,2008 (10).

英国有四类注册工程师,除了 2008 年新设立的信息和通信技术员(ICTTech)因其特定的从业领域而具有特殊性之外,其余三种较为成熟的注册工程师类型分别为:工程技术员(EngTech)、技术工程师(IEng)和特许工程师(CEng)。虽然工程委员会认为这三类注册工程师体现的是类别和分工的差异而非层次的差异,但是,从英国工程职业能力标准(UK-SPEC)的要求来看,这三者仍体现出了逐渐提高的教育基础、职业能力和实践经历的要求。从社会地位、收入和从业范围也能看出特许工程师在其中具有最高地位。因此,从工程技术员、技术工程师到特许工程师体现的是英国工程师职业发展道路中的三个阶段。EngC 为特许工程师、企业工程师和工程技术员确定并保持专业能力和职业道德的国际公认标准。[①]

工程委员会颁布的英国工程职业能力标准文件(UK Standard For Professional Engineering Competence,UK-SPEC),该文件规定了在英国范围内从事工程职业、注册为各类型工程师的标准,描述了注册为工程技术员、技术工程师和特许工程师所必须满足的能力和承诺要求,包括能够证明达到这些要求的范例。其中,能力(competence)指的是按照有效的标准执行一项任务的能力(ability)。想要实现能力需要适当水平的知识、理解和技能,以及职业态度。能力由正式和非正式的学习、培训和经验共同发展而来,通常被认为是首要的职业发展。然而,这些要素并不必须是单独或连续的,并且可能并不总是正式和结构化的。对所有的注册者而言,有五大方面的能力要求:[②]

    A. 知识和理解

    B. 设计和开发过程、系统、服务和产品

    C. 责任、管理或领导力

    D. 沟通和人际交往能力

    E. 职业承诺

对每一个注册类别,标准文件也给出了证明支撑能力的知识和理解所必须的正式教育资格。没有示例资格的申请者可以用其他方式证明满足所需知识和理解,比如在职学习。

---

    ①   Subject Benchmark Statement:Engineering 2010,http://www. qaa. ac. uk/Publications/Information AndGuidance/Documents/Engineering10. pdf.

    ②   Subject Benchmark Statement:Engineering 2010,http://www. qaa. ac. uk/Publications/Information AndGuidance/Documents/Engineering10. pdf.

工程师和技术员必须证明自己已经对社会和环境做出的职业承诺，并展示出为了维持和提高职业声誉而表现出的价值观和行为。在下列领域要有明确的证据：

遵守行为规范；

管理和采用工作安全系统；

以有益于可持续发展的方式进行工程活动；

执行必要的持续职业发展（CPD）保持和提高能力；

活跃地参与到职业之中。

英国工程职业能力标准文件（UK-SPEC）各类注册工程师能力和承诺标准如表 3-6 所示。

表 3-6　英国工程职业能力标准文件（UK-SPEC）各类注册工程师能力和承诺标准

工程技术员	技术工程师	特许工程师
工程技术员必须在其职业生活中，由于其教育、培养和经验，有能力做到：运用成熟的技术和程序去解决工程实践问题。 要求工程技术员采用安全工作的系统并且能够证明：他们有助于开发、制造、调试、停止、操作或维护产品、设备、过程或服务的证据；管理或技术责任；在沟通技术问题时有效的人际沟通技巧；对工程职业价值的承诺	技术工程师必须在其职业生活中，由于其教育、培养和经验，有能力做到：维护并管理当前和发展中的技术应用，并可能进行工程设计、开发、制造、构建和操作。 技术工程师能够证明： 使用行之有效的分析技术，运用理论知识解决开发技术中的问题； 使用成熟的技术和方法，成功运用其知识提供工程项目或服务； 对项目和财务规划管理的责任，以及领导和发展其他专业人员的责任； 在沟通技术问题时有效的人际沟通技巧； 对工程职业价值观的承诺	特许工程师必须在其职业生活中，由于其教育、培养和经验，有能力做到：使用新的或现存的技术开发工程问题的解决方案，通过创新、创造和改变以及/或者他们可能对复杂系统在重要的风险层面拥有技术责任。 特许工程师要能够证明： 用新技术解决问题并发展新的分析技术的理论知识； 成功地应用知识提供创新性的产品和服务以及/或者对复杂的工程系统负有技术责任； 对项目、财务和人员管理负责并在技术因素和社会—经济因素之间进行权衡； 对发展其他技术人员必需的技能； 沟通技术问题时有效的人际沟通技巧

工程技术员	技术工程师	特许工程师
A 使用工程知识和理解来应用技术和实践技能。这包括如下能力：	**A 将通用的或专业的工程知识和理解相结合应用于现存或正在出现的技术之中**	**A 将通用的或专业的工程知识和理解相结合使现存或正在出现的技术的应用最优化**
A1 检查和选择合适的技术、程序和方法来执行任务	A1 在运用技术到工程实践中时，维持并拓展有效的理论方法。这可能包括如下能力：识别自身个人知识和技能的极限努力拓展自身的技术能力通过新应用和新技术拓宽并加深自身的知识基础	A1 在介绍和开发新的和先进技术时，维持并拓展有效的理论方法。这可能包括如下能力：识别自身个人知识和技能的极限努力拓展自身的技术能力通过研究和试验拓宽并加深自身的知识基础
A2 使用适当的科学、技术或工程原则	A2 运用有效的以证据为基础的方法去解决问题并有助于持续性的改进。这可能包括如下能力：利用市场情报和技术进步的知识来提升和改进工程产品、系统和服务的效力。有助于持续改进系统的评价和开发。应用知识和经验调查和解决在执行工程任务过程中出现的问题并实施纠正行动	A2 从事工程技术的创新性和创造性发展以及持续改进的系统。这可能包括如下能力：评估市场需求并有助于市场营销战略在自己选择的领域内，识别约束并利用机会进行技术开发和转移在适当的时候，促进新的应用确保必要的知识产权（IP）权利开发并评估持续改进系统
B 有助于设计、发展、制造、构造、调试、操作或维护产品、设备、过程、系统或服务。在这个背景下，可能包括如下能力：	**B 运用合适的理论和实践方法设计、开发、制造、构建、投入使用、操作、维护、停止使用和循环使用工程过程、系统、服务和产品**	**B 运用合适的理论和实践方法分析和解决工程问题**
B1 发现问题并运用适当的方法确认原因，做出令人满意的解决方案	B1 识别、审查和选择技术、过程和方法执行工程任务。这可能包括如下能力：确立用户的改进要求选择审查的方法学充分开发和运用当前的技术利用最佳实践的证据，审查提高工程实践、产品、过程、系统和服务的潜力建立行动计划落实审查的结果	B1 识别潜在的项目和机会。这可能包括如下能力：确立和帮助开发解决方案以满足用户的要求考虑和实施新的和正在出现的技术提高工程实践、产品、过程、系统和服务运用雇主地位的知识评估机会的可行性

工程技术员	技术工程师	特许工程师
B2 确认、组织并使用资源有效地完成任务，并且考虑到成本、质量、安全、可靠性和环境影响	B2 有助于设计和开发工程解决方案。 这可能包括如下能力： 有助于识别和详述工程产品、过程、系统和服务的设计和开发要求； 识别操作风险并评估可能的工程解决方案，考虑到成本、质量、安全、可靠、美观、实用、保障、知识产权(IP)的限制和机会，以及对环境的影响； 收集和分析结果； 进行必要的测试	B2 进行适当的研究，设计和开发工程解决方案。 这可能包括如下能力： 识别和同意适当的研究方法； 开发必要的测试； 收集、分析和评估相关的数据承接工程设计； 准备、提出和同意设计建议，进行适当的风险分析并考虑到成本、质量、安全、可靠、美观、实用、保障、知识产权(IP)的限制和机会，以及对环境的影响
	B3 实施设计的解决方案并有助于其评价。 这可能包括如下能力： 确保实施所需资源的安全； 实施设计的解决方案，考虑到关键的限制，包括对安全性和持续性应用的关心； 在实施的过程中识别问题所在并采取纠正行动； 有助于从结果的反馈中获得对改进和积极学习的建议	B3 管理实施设计的解决方案并评价其效力。 这可能包括如下能力： 确保应用设计带来适当的实践产出； 实施设计的解决方案，考虑到关键的限制，包括对安全性和持续性应用的关心； 决定评价设计解决方案的评价标准； 根据原始规格评价产出； 从结果的反馈中积极学习以改进未来的设计解决方案并建立最佳实践
C 接受并履行个人责任包括如下能力：	**C 提供技术和商业管理**	**C 提供技术和商业领导**
C1 在没有严密监督的情况下可靠并有效地根据适当的实践准则进行工作	C1 计划有效实施项目。 这可能包括如下能力： 识别影响计划实施的因素； 进行整体和系统的风险识别、评估和管理方法； 准备和赞同实施方案和方法的声明； 与其他利益相关者(客户、分包商、供应商等)进行必要的合同安排	C1 计划有效实施项目 这可能包括如下能力： 系统地审查影响计划实施的因素，包括对安全和可持续性的考虑； 定义整体和系统的风险识别、评估和管理方法； 引领准备和赞同实施方案和方法的声明； 确保必要的资源是安全的以及简明的项目团队； 与其他利益相关者(客户、分包商、供应商等)对必要的合同安排进行协商

工程技术员	技术工程师	特许工程师
C2 接受自己和他人的工作责任	C2 管理任务、人员和资源来进行计划和预算。 这可能包括如下能力： 运作适当的管理系统； 根据约定的质量标准行事； 管理工作团队，协调项目活动； 识别质量标准、项目和预算的变化，并采取纠正措施； 评估表现并建议改进	C2 计划、预算、组织、指挥和控制任务、人员和资源。 这可能包括如下能力： 建立适当的管理系统； 在立法和法律要求之下定义质量标准、项目和预算； 组织和领导团队工作，协调项目活动； 确保质量标准、项目和预算的变化已被确认，并采取了纠正措施； 收集并评估反馈，建议改进
C3 接受、分配并监督技术和其他任务：	C3 管理团队和开发人员来满足不断变化的技术和管理需求。 这可能包括如下能力： 与团队和个人就目标和工作计划达成一致； 确认团队和个人的需求并为他们的发展进行计划； 加强团队对职业标准的承诺； 管理和支持团队及个人发展； 评估团队和个人表现并提供反馈	C3 领导团队和开发人员来满足不断变化的技术和管理需求。 这可能包括如下能力： 与团队和个人就目标和工作计划达成一致； 确认团队和个人的需求并为他们的发展进行计划； 加强团队对职业标准的承诺； 领导和支持团队及个人发展； 评估团队和个人表现并提供反馈
C4 通过质量管理，推进持续改进	C4 管理持续质量改进。 这可能包括如下能力： 确保团队成员和同事应用质量管理原则； 管理操作以维持质量标准； 评估项目并提出改进建议	C4 通过质量管理带来持续改进。 这可能包括如下能力： 通过组织及其与客户和供应商的网络提升质量； 发展和维护操作以满足质量标准； 指挥项目评估并提出改进建议

续表

工程技术员	技术工程师	特许工程师
D 使用有效沟通和人际交往的技能。 包括如下能力	**D 展示有效的人际沟通技巧**	**D 展示有效的人际沟通技巧**
D1 使用口头、书面和电子方法用应用交流技术和其他信息	D1 用英语与各个层次的人进行交流 这可能包括如下能力： 有助于主持并记录会议和讨论； 准备技术方面的通信、文件和报告； 交流信息并提供建议给技术的和非技术的同事	D1 用英语与各个层次的人进行交流 这可能包括如下能力： 领导、主持、有助于并记录会议和讨论； 准备复杂问题的通信、文件和报告； 交流信息并提供建议给技术的和非技术的同事
D2 与同事、客户、供应商或者公众一起有效工作，并且意识到其他人的需要和关切，特别是与多样性和公平性相关之处。E1 遵守所属学会的行为准则	D2 提出和讨论建议。 这可能包括如下能力： 准备并发表适当的展示； 管理和观众的辩论； 将结果反馈至改进的建议中； 有助于对风险的意识	D2 提出和讨论建议。 这可能包括如下能力： 准备并发表关于战略问题的展示； 领导和维持与观众的辩论； 将结果反馈至改进的建议中； 增强风险意识
D3 展示个人和社交技巧 这可能包括如下能力： 了解并管理自己的情绪、优势和弱点 意识到他人的需求和关切，特别是与多样性和公平性相关之处 对于新的和改变之中的人际情境充满自信并能灵活处理 创造、维持和提高有成效的工作关系，并解决冲突	D3 展示个人和社交技巧。 这可能包括如下能力： 了解并管理自己的情绪、优势和弱点 意识到他人的需求和关切，特别是与多样性和公平性相关之处 对于新的和改变之中的人际情境充满自信并能灵活处理 创造、维持和提高有成效的工作关系，并解决冲突	D3 展示个人和社交技巧。 这可能包括如下能力： 了解并管理自己的情绪、优势和弱点 意识到他人的需求和关切，特别是与多样性和公平性相关之处 对于新的和改变之中的人际情境充满自信并能灵活处理确认、同意并领导工作朝着集体目标迈进 创造、维持和提高有成效的工作关系，并解决冲突

续表

工程技术员	技术工程师	特许工程师
E 对适当的职业行为准则做出个人承诺,承认对社会,职业和环境的义务	**E 证明个人对职业标准的承诺,认识到对社会、职业和环境的责任**	**E 证明个人对职业标准的承诺,认识到对社会、职业和环境的责任**
E1 遵守所属学会的行为准则	E1 遵守相关的行为规范。 这可能包括如下能力: 遵守所属学会职业规范的规则。 在所有相关立法和监管框架之下管理工作,包括社会的和就业的立法	E1 遵守相关的行为规范。 这可能包括如下能力: 遵守所属学会职业规范的规则。 在所有相关立法和监管框架之下领导工作,包括社会的和就业的立法
E2 管理并采用工作安全系统	E2 管理并运用工作安全系统。 这可能包括如下能力: 识别并承诺自身对健康、安全和福利事务的义务责任 管理能够满足健康、安全和福利要求的系统 开发并实施适当的危险识别和风险管理系统与文化管理、评估并改进上述系统 有效运用关于健康和安全的立法知识	E2 管理并运用工作安全系统。 这可能包括如下能力: 识别并对自身对健康、安全和福利事务的义务负责 确保系统能够满足健康、安全和福利的要求 开发并实施适当的危险识别和风险管理系统与文化管理、评估并改进上述系统 有效运用关于健康和安全的立法知识
E3 用有利于可持续发展的方式承接工程工作。 这可能包括如下能力: 负责人地操作和行动,同时考虑到取得环境、社会和经济产出进步的需要	E3 以有利于可持续发展的方式承接工程活动。 这可能包括如下能力: 负责地进行操作和行动,同时考虑到促进环境、社会和经济产出的需要 提供维持和提高环境和社区质量的产品和服务,并且满足财务目标 理解并鼓励利益相关者参与可持续发展 高效并有效地使用资源	E3 以有利于可持续发展的方式承接工程活动。 这可能包括如下能力: 负责地进行操作和行动,同时考虑到促进环境、社会和经济产出的需要 运用想象力、创造力和创新 提供维持和提高环境和社区质量的产品和服务,并且满足财务目标 理解并保证利益相关者参与可持续发展 高效并有效地使用资源

工程技术员	技术工程师	特许工程师
E4 执行并记录必要的持续职业发展(CPD)以便维持并提高在自身所在实践领域内的能力,包括: 对自身的发展需要进行检查 计划如何实现个人的以及组织的目标 开展计划好的(和未计划的)持续职业发展(CPD)活动 维持能力发展的证据 根据其他计划评价持续职业发展(CPD)的产出 协助他人进行持续职业发展(CPD)	E4 执行并记录必要的职业持续发展(CPD)以维持和提高在自身所在实践领域内的能力,包括: 对自身的发展需要进行检查 计划如何实现个人的以及组织的目标 开展计划好的(和未计划的)持续职业发展(CPD)活动 维护能力发展的证据 根据制定的计划评价持续职业发展(CPD)的产出 协助他人进行持续职业发展(CPD)	E4 执行并记录必要的职业持续发展(CPD)以维持和提高在自身所在实践领域内的能力,包括: 对自身的发展需要进行检查 计划如何实现个人的以及组织的目标 开展计划好的(和未计划的)持续职业发展(CPD)活动 维护能力发展的证据 根据制定的计划评价持续职业发展(CPD)的产出 协助他人进行持续职业发展(CPD)
E5 以道德的方式行使责任	E5 以道德的方式行使责任	E5 以道德的方式行使责任

从实质等效的视角来看,欧美各国工程师注册能力标准基本一致,为工程师国际流动打下了基础,其成长途径各具特色,值得我国工程师职业资格制度建设及其与工程教育认证的衔接工作借鉴。

二、我国不同职业类型的工程师能力需求与形成路径

本节通过问卷调查和专家咨询,调查在产业结构升级转型背景下,我国各行业领域对工程师能力结构的需求。

产业结构升级转型包括对传统产业的全面升级改造和加速发展知识密集型新兴产业,这不仅对高层次工程师队伍提出了量的需求,也对工程师的知识、能力、素质提出了更高的要求,特别是对工程师创新能力的要求更加凸显。

新形势下的工程师能力需求包括知识与专业技术的基础、工程实践能力、创新性思维、系统解决问题的能力、整体的综合素质等。工程技术创新要求工程师更加扎实地掌握基础知识和专业技术,尤其是对数理基础和专业基础理

论的深入理解。产业结构升级转型中普及数字化生产、智能制造等新趋势要求工程师掌握更全面的多领域复合技术,新材料、新工艺、新技术的自主创新突破也对工程师的创新能力和攻坚克难素质提出了更高的要求。

产业结构升级转型中集约化生产、大批量集中生产要求管理岗位的工程师具备专业化规模生产的组织管理能力,包括团队合作能力、沟通能力、生产管理能力,在不同学科背景的员工团队中发挥作用的能力,以及与企业经营整体相关的金融、物流、市场等方面的经济社会知识、经验和能力。在生产、消费等环节工程与社会的紧密联系,对民众生命财产安全、健康的影响要求工程师要有过硬的工程伦理和职业道德,要具有高度的社会责任感。

在经济全球化的大趋势下,我国产业结构升级必然导致中国产业在世界产业链上的地位变化。中国紧密融入全球生产格局中,随之带来各种国际产业合作乃至利益冲突,要求工程师具备全球视野、国际交流与合作的知识和能力,了解原材料产地、资本、技术密集区、重要消费市场所在国家和地区的经济、社会、政治、法律、宗教和风俗文化等情况。

产业结构升级转型与可持续发展战略是相互融合的整体,要求我国产业结构实现从资源、能源高消耗型到节约型的转变,从环境污染、破坏生态到环境友好、生态友好型的转变,符合绿色发展战略的需求。这些变化要求工程师具备可持续发展方面的知识,深入掌握工程与环境关系、相关法律法规等知识。

总之,在我国产业结构升级转型背景下国际国内各种因素的变化对工程师的知识、能力、素质尤其是创新能力、跨专业跨领域的综合素质提出了全面的更高要求,需要工程教育、职业教育的改革创新,需要政府、企业、高校、行业协会的全面配合,以便为实现国家层面的经济发展和社会目标培养足够数量的合格的工程师。

本研究调查分析土木、机械、电气、化工四大工程领域的工程师能力形成路径。

(一) 注册土木工程师执业资格获得路径

注册土木工程师包括岩土、水利水电工程、港口与航道工程、道路工程等类别,我们以岩土类为例分析注册土木工程师执业资格获得路径。注册土木工程师(岩土)执业资格制度纳入国家专业技术人员执业资格制度,属于专业准入类职业资格。注册土木工程师(岩土),是指取得"中华人民共和国注册土木工程师(岩土)执业资格证书"和"中华人民共和国注册土木工程师(岩土)执业资格注册证书",从事岩土工程工作的专业技术人员。[①]

建设部、人事部、国务院各有关部门和省、自治区、直辖市人民政府建设行政部门、人事行政部门依照本规定对注册土木工程师(岩土)执业资格的考试、注册和执业进行指导、监督和检查。全国勘察设计注册工程师管理委员会下设全国勘察设计注册工程师岩土工程专业管理委员会(以下简称岩土工程专业委员会),由建设部、人事部和国务院各有关部门及岩土工程专业的专家组成,具体负责注册土木工程师(岩土)执业资格的考试和注册等工作。各省、自治区、直辖市的勘察设计注册工程师管理委员会,负责本地区注册土木工程师(岩土)执业资格的考试组织、取得资格人员的管理和办理注册手续等具体工作。

注册土木工程师(岩土)执业资格考试实行全国统一大纲、统一命题、统一组织的办法,原则上每年举行一次。该执业资格考试由基础考试和专业考试组成。参加基础考试合格并按规定完成职业实践年限者,方能报名参加专业考试。专业考试合格后,方可获得"中华人民共和国注册土木工程师(岩土)执业资格证书"。

凡中华人民共和国公民,遵守国家法律、法规,恪守职业道德,并具备相应专业教育和职业实践条件者,均可申请参加注册土木工程师(岩土)执业资格考试。经国务院有关部门同意,获准在中华人民共和国境内就业的外籍人员及港、澳、台地区的专业人员,符合规定要求的,也可按规定的程序申请参加考试、注册和执业。《注册土木工程师(岩土)执业资格考试实施办法》对相应的专业教育和职业实践条件进行了规定[②],符合前述要求,并且具备以下条件之一者,可申请参加基础考试:

(一)取得本专业(指勘查技术与工程、土木工程、水利水电工程、港口航道与海岸工程专业)或相近专业(指地质勘探、环境工程、工程力学专业)大学本科及以上学历或学位。

---

①② 人发[2002]35号,关于印发《注册土木工程师岩土执业资格制度暂行规定、注册土木工程师(岩土)执业资格考试实施办法和注册土木工程师(岩土)执业资格考核认定办法》的通知

（二）取得本专业或相近专业大学专科学历,从事岩土工程专业工作满1年。

（三）取得其他工科专业大学本科及以上学历或学位,从事岩土工程专业工作满1年。

基础考试合格,并具备以下条件之一者,可申请参加专业考试:

（一）取得本专业博士学位,累计从事岩土工程专业工作满2年;或取得相近专业博士学位,累计从事岩土工程专业工作满3年。

（二）取得本专业硕士学位,累计从事岩土工程专业工作满3年;或取得相近专业硕士学位,累计从事岩土工程专业工作满4年。

（三）取得本专业双学士学位或研究生班毕业,累计从事岩土工程专业工作满4年;或取得相近专业双学士学位或研究生班毕业,累计从事岩土工程专业工作满5年。

（四）取得本专业大学本科学历,累计从事岩土工程专业工作满5年;或取得相近专业大学本科学历,累计从事岩土工程专业工作满6年。

（五）取得本专业大学专科学历,累计从事岩土工程专业工作满6年;或取得相近专业大学专科学历,累计从事岩土工程专业工作满7年。

（六）取得其他工科专业大学本科及以上学历或学位,累计从事岩土工程专业工作满8年。

取得"中华人民共和国注册土木工程师(岩土)执业资格证书"者,应向所在省、自治区、直辖市勘察设计注册工程师管理委员会提出申请,由该委员会向岩土工程专业委员会报送办理注册的有关材料。由岩土工程专业委员会向准予注册的申请人核发由全国勘察设计注册工程师管理委员会统一制作的"中华人民共和国注册土木工程师(岩土)执业资格注册证书"和执业印章,经注册后,方可在规定的业务范围内执业。

注册土木工程师(岩土)的执业范围:(一)岩土工程勘察;(二)岩土工程设计;(三)岩土工程咨询与监理;(四)岩土工程治理、检测与监测;(五)环境岩土工程和与岩土工程有关的水文地质工程业务;(六)国务院有关部门规定的其他业务。

注册土木工程师(岩土)必须加入一个具有工程勘察或工程设计资质的单位方能执业。注册土木工程师(岩土)应履行下列义务:(一)遵守法律、法规和职业道德,维护社会公众利益;(二)保证执业工作的质量,并在其负责的技术文件上签字盖章;(三)保守在执业中知悉的商业技术秘密;(四)不得同时受聘于二个及以上单位执业;(五)不得准许他人以本人名义执业。

注册土木工程师(岩土)应按规定接受继续教育,并作为再次注册的依据。注册土木工程师(岩土)执业资格注册有效期为 2 年。有效期满需继续执业的,应在期满前 30 日内办理再次注册手续。①

(二) 注册机械工程师执业资格获得路径

我国对从事机械专业建设工程设计活动的专业技术人员,实行职业准入制度,纳入全国专业技术人员职业资格证书制度统一规划。勘察设计注册机械工程师属于专业准入类职业资格,是指经考试取得"中华人民共和国勘察设计注册机械工程师资格证书",并依法注册取得"中华人民共和国勘察设计注册机械工程师注册执业证书"和执业印章,从事机械专业建设工程设计及相关业务的专业技术人员。②

建设部、人事部共同负责勘察设计注册机械工程师制度工作,并按职责分工对该制度的实施进行指导、监督和检查。县级以上地方人民政府建设行政主管部门对本行政区域内勘察设计注册机械工程师资格的注册、执业活动实施监督管理;县级以上地方人民政府人事行政部门对本行政区域内的勘察设计注册机械工程师制度实施情况进行监督检查。

勘察设计注册机械工程师资格实行全国统一大纲、统一命题的考试制度,原则上每年举行一次。该资格考试由基础考试和专业考试两部分组成。参加基础考试合格并按规定完成职业实践年限者,方能报名参加专业考试。专业考试合格后,方可获得"中华人民共和国勘察设计注册机械工程师资格证书"。

凡中华人民共和国公民,遵守国家法律、法规,恪守职业道德,并具备相应专业教育和职业实践条件者,均可申请参加勘察设计注册机械工程师资格考试。符合考试报名条件的香港、澳门地区居民,可申请参加勘察设计注册机械工程师资格考试。申请人在报名时应提交本人身份证明、国务院教育行政部门认可的相应专业学历或学位证书、从事机械专业建设工程设计相关专业实

---

① 人发[2002]35号,关于印发《注册土木工程师岩土执业资格制度暂行规定、注册土木工程师(岩土)执业资格考试实施办法和注册土木工程师(岩土)执业资格考核认定办法》的通知

② 国人部发[2005]87号,关于印发《勘察设计注册机械工程师制度暂行规定》《勘察设计注册机械工程师资格考试实施办法》和《勘察设计注册机械工程师资格考核认定办法》的通知

践年限证明。台湾地区专业人员参加考试的办法另行规定。《勘察设计注册机械工程师资格考试实施办法》对相应的专业教育和职业实践条件进行了规定①，符合前述要求，并且具备以下条件之一者，可申请参加基础考试：

（一）取得本专业（指机械设计制造及其自动化、材料成形及控制工程、过程装备与控制工程专业）或相近专业（指金属材料工程、包装工程、印刷工程、纺织工程、食品科学与工程等专业）大学本科及以上学历或学位。

（二）取得本专业或相近专业大学专科学历，累计从事机械专业建设工程设计工作满1年。

（三）取得其他专业大学本科及以上学历或学位，累计从事机械专业建设工程设计工作满1年。

基础考试合格，并具备下列条件之一的，可申请参加专业考试：

（一）取得本专业博士学位后，累计从事机械专业建设工程设计工作满2年；或取得相近专业博士学位后，累计从事机械专业建设工程设计工作满3年。

（二）取得本专业硕士学位后，累计从事机械专业建设工程设计工作满3年；或取得相近专业硕士学位后，累计从事机械专业建设工程设计工作满4年。

（三）取得含本专业在内的双学士学位或本专业研究生班毕业后，累计从事机械专业建设工程设计工作满4年；或取得含相近专业在内的双学士学位或研究生班毕业后，累计从事机械专业建设工程设计工作满5年。

（四）取得通过本专业教育评估的大学本科学历或学位后，累计从事机械专业建设工程设计工作满4年；或取得未通过本专业教育评估的大学本科学历或学位后，累计从事机械专业建设工程设计工作满5年；或取得相近专业大学本科学历或学位后，累计从事机械专业建设工程设计工作满6年。

（五）取得本专业大学专科学历后，累计从事机械专业建设工程设计工作满6年；或取得相近专业大学专科学历后，累计从事机械专业建设工程设计工作满7年。

（六）取得其他专业大学本科及以上学历或学位后，累计从事机械专业建设工程设计工作满8年。

---

① 国人部发［2005］87号，关于印发《勘察设计注册机械工程师制度暂行规定》《勘察设计注册机械工程师资格考试实施办法》和《勘察设计注册机械工程师资格考核认定办法》的通知

初始注册者,可自取得资格证书之日起 3 年内提出注册申请。取得资格证书并申请注册的人员,应受聘于一个具有建设工程设计资质的单位,并通过聘用单位向本单位工商注册所在地的省、自治区、直辖市人民政府建设行政主管部门提出注册申请,并由所在地建设行政主管部门报建设部审批。建设部审批通过后向申请者核发统一制作和用印的注册证书和执业印章。

勘察设计注册机械工程师的执业范围:(一)机械专业建设工程设计;(二)机械专业建设工程技术咨询;(三)机械专业建设工程设备招标、采购咨询;(四)机械专业建设工程的项目管理;(五)对本专业设计项目的施工进行指导和监督;(六)国务院有关部门规定的其他业务。

勘察设计注册机械工程师应当履行下列义务:(一)遵守法律、法规和有关管理规定;(二)执行技术标准和规范;(三)保证执业活动成果和质量,并承担相应责任;(四)接受继续教育,努力提高执业水准;(五)在本人执业活动中完成的主要设计文件上签字、加盖执业印章;(六)保守在执业活动中知悉的国家秘密和他人的商业、技术秘密;(七)不得准许他人以本人名义执业;(八)在本专业规定的执业范围和聘用单位业务范围内执业;(九)协助注册管理机构完成相关工作。

继续教育是注册机械工程师延续注册、重新申请注册和逾期初始注册的必备条件。在每个注册期内,勘察设计注册机械工程师应按规定完成本专业的继续教育。勘察设计注册机械工程师继续教育,分必修课和选修课,必修课和选修课均为 60 学时。继续教育内容及要求,由建设部确定。勘察设计注册机械工程师每一注册有效期为 3 年。注册有效期届满需继续执业的,应在届满前 30 个工作日内,按照规定程序申请延续注册。①

(三) 注册电气工程师执业资格获得路径

我国对从事电气专业工程设计活动的专业技术人员实行执业资格注册管理制度,纳入全国专业技术人员执业资格制度统一规划。注册电气工程师属于专业准入类职业资格,是指取得《中华人民共和国注册电气工程师执业资格

---

① 国人部发[2005]87 号,关于印发《勘察设计注册机械工程师制度暂行规定》《勘察设计注册机械工程师资格考试实施办法》和《勘察设计注册机械工程师资格考核认定办法》的通知

证书》和《中华人民共和国注册电气工程师执业资格注册证书》,从事电气专业工程设计及相关业务的专业技术人员。①

建设部、人事部等国务院有关部门和省、自治区、直辖市人民政府建设行政部门、人事行政部门依照规定对注册电气工程师执业资格的考试、注册和执业进行指导、监督和检查。全国勘察设计注册工程师管理委员会下设全国勘察设计注册工程师电气专业管理委员会(以下简称"电气专业委员会"),由建设部、人事部和国务院有关部门及电气专业工程设计的专家组成,具体负责注册电气工程师执业资格制度的考试和注册等工作。各省、自治区、直辖市的勘察设计注册工程师管理委员会,负责本地区注册电气工程师执业资格的考试组织、取得资格人员的管理和办理注册申报等具体工作。

注册电气工程师执业资格考试实行全国统一大纲、统一命题的考试制度,原则上每年举行一次。该执业资格考试由基础考试和专业考试组成。参加基础考试合格并按规定完成职业实践年限者,方能报名参加专业考试。专业考试合格后,方可获得《中华人民共和国注册电气工程师执业资格证书》。

凡中华人民共和国公民,遵守国家法律、法规,恪守职业道德,并具备相应专业教育和职业实践条件者,均可申请参加注册电气工程师执业资格考试。经国务院有关部门同意,获准在中华人民共和国境内就业的外籍人员及港、澳、台地区的专业人员,符合规定要求的,可按规定的程序申请参加考试、注册和执业。《注册电气工程师执业资格考试实施办法》对相应的专业教育和职业实践条件进行了规定②,符合前述要求,并且具备以下条件之一者,可申请参加基础考试:

(一)取得本专业(指电气工程、电场工程自动化专业)或相近专业(指自动化、电子信息工程、通信工程、计算机科学与技术专业)大学本科及以上学历或学位。

(二)取得本专业或相近专业大学专科学历,累计从事电气专业工程设计工作满1年。

(三)取得其他工科专业大学本科及以上学历或学位,累计从事电气专业工程设计工作满1年。

---

①② 人发[2003]25号,关于印发《注册电气工程师执业资格制度暂行规定》《注册电气工程师执业资格考试实施办法》和《注册电气工程师执业资格考核认定办法》的通知

基础考试合格,并具备以下条件之一者,可申请参加专业考试:

(一)取得本专业博士学位后,累计从事电气专业工程设计工作满2年;或取得相近专业博士学位后,累计从事电气专业工程设计工作满3年。

(二)取得本专业硕士学位后,累计从事电气专业工程设计工作满3年;或取得相近专业硕士学位后,累计从事电气专业工程设计工作满4年。

(三)取得含本专业在内的双学士学位或本专业研究生班毕业后,累计从事电气专业工程设计工作满4年;或取得相近专业双学士学位或研究生班毕业后,累计从事电气专业工程设计工作满5年。

(四)取得通过本专业教育评估的大学本科学历或学位后,累计从事电气专业工程设计工作满4年;或取得未通过本专业教育评估的大学本科学历或学位后,累计从事电气专业工程设计工作满5年;或取得相近专业大学本科学历或学位后,累计从事电气专业工程设计工作满6年。

(五)取得本专业大学专科学历后,累计从事电气专业工程设计工作满6年;或取得相近专业大学专科学历后,累计从事电气专业工程设计工作满7年。

(六)取得其他工科专业大学本科及以上学历或学位后,累计从事电气专业工程设计工作满8年。

取得《中华人民共和国注册电气工程师执业资格证书》者,可向所在省、自治区、直辖市勘察设计注册工程师管理委员会提出申请,由该委员会向电气专业委员会报送办理注册的有关材料。电气专业委员会向准予注册的申请人核发由建设部统一制作,全国勘察设计注册工程师管理委员会和电气专业委员会用印的《中华人民共和国注册电气工程师执业资格注册证书》和执业印章。申请人经注册后,方可在规定的业务范围内执业。

注册电气工程师的执业范围:(一)电气专业工程设计;(二)电气专业工程技术咨询;(三)电气专业工程设备招标、采购咨询;(四)电气工程的项目管理;(五)对本专业设计项目的施工进行指导和监督;(六)国务院有关部门规定的其他业务。

注册电气工程师只能受聘于一个具有工程设计资质的单位。注册电气工程师应履行下列义务:(一)遵守法律、法规和职业道德,维护社会公众利益;(二)保证执业工作的质量,并在其负责的技术文件上签字盖章;(三)保守在执业中知悉的商业技术秘密;(四)不得同时受聘于两个及以上单位执业;

(五)不得准许他人以本人名义执业。

　　注册电气工程师应按规定接受继续教育,并作为再次注册的依据条件之一。注册电气工程师执业资格注册有效期为 2 年。有效期满需继续执业的,应在期满前 30 日内办理再次注册手续。①

(四) 注册化工工程师执业资格获得路径

　　我国对从事化工工程设计活动的专业技术人员实行执业资格注册管理制度,纳入全国专业技术人员执业资格制度统一规划。注册化工工程师属于专业准入类职业资格,是指取得《中华人民共和国注册化工工程师执业资格证书》和《中华人民共和国注册化工工程师执业资格注册证书》,从事化工工程设计(包括化工、石化、化纤、医药和轻化)及相关业务的专业技术人员。②

　　建设部、人事部等国务院有关部门和省、自治区、直辖市人民政府建设行政部门、人事行政部门等依照规定对注册化工工程师执业资格的考试、注册和执业进行指导、监督和检查。全国勘察设计注册工程师管理委员会下设全国勘察设计注册工程师化工专业管理委员会 (以下简称“化工专业委员会”),由建设部、人事部和有关行业协会及化工工程的专家组成,具体负责注册化工工程师执业资格的考试、注册和管理等工作。各省、自治区、直辖市的勘察设计注册工程师管理委员会,负责本地区注册化工工程师执业资格的考试组织、取得资格人员的管理和办理注册申报等具体工作。

　　注册化工工程师执业资格考试实行全国统一大纲、统一命题的考试制度,原则上每年举行一次。该执业资格考试由基础考试和专业考试组成。参加基础考试合格并按规定完成职业实践年限者,方能报名参加专业考试。专业考试合格后,方可获得《中华人民共和国注册化工工程师执业资格证书》。

　　凡中华人民共和国公民,遵守国家法律、法规,恪守职业道德,并具备相应专业教育和职业实践条件者,均可申请参加注册化工工程师执业资格考试。经国务院有关部门同意,获准在中华人民共和国境内就业的外籍人员及港、澳、台地区的专业人员,符合规定要求的,可按规定的程序申请参加考试、注册

和执业。《注册化工工程师执业资格考试实施办法》对相应的专业教育和职业实践条件进行了规定①,符合前述要求,并且具备以下条件之一者,可申请参加基础考试:

(一)取得本专业（指化学工程与工艺、高分子材料与工程、无机非金属材料工程、制药工程、轻化工程、食品科学与工程、生物工程等）或相近专业（过程装备与控制工程、环境工程、安全工程等）大学本科及以上学历或学位。

(二)取得本专业或相近专业大学专科学历,累计从事化工工程设计工作满1年。

(三)取得其他工科专业大学本科及以上学历或学位,累计从事化工工程设计工作满1年。

基础考试合格,并具备以下条件之一者,可申请参加专业考试:

(一)取得本专业博士学位后,累计从事化工工程设计工作满2年;或取得相近专业博士学位后,累计从事化工工程设计工作满3年。

(二)取得本专业硕士学位后,累计从事化工工程设计工作满3年;或取得相近专业硕士学位后,累计从事化工工程设计工作满4年。

(三)取得含本专业在内的双学士学位或本专业研究生班毕业,累计从事化工工程设计工作满4年后;或取得相近专业双学士学位或研究生班毕业后,累计从事化工工程设计工作满5年。

(四)取得通过本专业教育评估的大学本科学历或学位后,累计从事化工工程设计工作满4年;或取得未通过本专业教育评估的大学本科学历或学位后,累计从事化工工程设计工作满5年;或取得相近专业大学本科学历或学位,累计从事化工工程设计工作满6年。

(五)取得本专业大学专科学历后,累计从事化工工程设计工作满6年;或取得相近专业大学专科学历后,累计从事化工工程设计工作满7年。

(六)取得其他工科专业大学本科及以上学历或学位后,累计从事化工工程设计工作满8年。

取得《中华人民共和国注册化工工程师执业资格证书》者,可向所在省、自治区、直辖市勘察设计注册工程师管理委员会提出申请,由该委员会向化工专业委员会报送办理注册的有关材料。化工专业委员会向准予注册的申请人核

---

① 人发[2003]26号,关于印发《注册化工工程师执业资格制度暂行规定》《注册化工工程师执业资格考试实施办法》和《注册化工工程师执业资格考核认定办法》的通知

发由建设部统一制作,全国勘察设计注册工程师管理委员会和化工专业委员会用印的《中华人民共和国注册化工工程师执业资格注册证书》和执业印章。申请人经注册后,方可在规定的业务范围内执业。

注册化工工程师的执业范围:(一)化工工程设计（含本专业环保工程）;(二)化工工程技术咨询（含本专业环保工程）;(三)化工工程设备招标、采购咨询;(四)化工工程的项目管理业务;(五)对本专业设计项目的施工进行指导和监督;(六)国务院有关部门规定的其他业务。

注册化工工程师只能受聘于一个具有工程设计资质的单位。注册化工工程师应履行下列义务:(一)遵守法律、法规和职业道德,维护社会公众利益;(二)保证执业工作的质量,并在其负责的技术文件上签字盖章;(三)保守在执业中知悉的商业技术秘密;(四)不得同时受聘于两个及以上单位执业;(五)不得准许他人以本人名义执业。

注册化工工程师应按规定接受继续教育,并作为再次注册的依据条件之一。注册化工工程师执业资格注册有效期为 2 年。有效期满需继续执业的,应在期满前 30 日内办理再次注册手续。①

三、产出导向型的专业认证标准与能力导向型的职业准入标准的衔接

工程师职业资格制度的核心是职业准入标准,研究专业认证与工程师制度相协调、相连接的通道,可以从寻找标准交集入手,基于职业能力要求设置教育产出框架。本小节结合我国工程师资格管理制度的现状,以国际实质等效为基础,以适应社会需求为目标,寻找专业认证标准与工程师资格要求的交集。

（一）欧美工程教育专业认证标准与工程师注册标准的衔接

作为欧洲范围的工程师协会组织和工程教育认证体系的代表,欧洲工程师协会联盟(FEANI)与欧洲工程教育认证网络(ENAEE)的 EUR-ACE® 认证体系互相衔接。要获得 FEANI 的"欧洲工程师"(Eur·Ing)头衔需要达到强

---

① 人发[2003]26 号,关于印发《注册化工工程师执业资格制度暂行规定》《注册化工工程师执业资格考试实施办法》和《注册化工工程师执业资格考核认定办法》的通知

制性教育要求,而取得欧洲工程教育认证体系(EUR-ACE®)认证标签的教育项目的毕业生被认可达到"欧洲工程师"头衔的教育要求。

FEANI 将"欧洲工程师"基本能力标准概括为 6 大类:知识理解(Knowledge and Understanding)、工程分析能力(Engineering Analysis)、工程调查研究(Investigations)、工程设计(Engineering Design)、工程实践(Engineering Practice)和可迁移技能(Transferable Skills)。① 这六大能力标准与 EUR-ACE® 的毕业生能力产出的认证标准②——对应,可见 FEANI 的工程师能力标准与 EUR-ACE® 体系的工程教育认证标准紧密衔接,有效避免了工程教育认证标准与工程师职业资格标准的脱节。

《华盛顿协议》签约成员制定的毕业生核心素质要求与工程师国际注册能力要求相衔接。前者的"工程科学知识、问题分析、解决方案的设计及开发、交流能力、道德、终身学习"指标与后者的"理解和运用基本知识、问题分析、解决方案的设计和开发、交流能力、道德、终身学习"指标——对应,前者的"个人和团体工作、工程管理和金融""工程师和社会、环境和可持续性"分别与后者的"管理工程活动""维护社会"相衔接。

美国工程教育专业认证标准与工程师注册考试内容相对应。ABET 的专业认证标准 EC2000 与 NCEES 的注册考试内容 FE、PE 相对应,这种对应体现了美国高等工程教育专业认证制度与工程师注册制度之间的衔接。

一是 FE 考试内容与 EC2000 标准的对应。FE 考试持续 8 个小时,分成上午考试与下午考试两部分,上午做 120 道题,下午做 60 道题。上午部分对每个人都是相同的;对于下午部分,应试者被要求选择与大学本科专业最为符合的模块来做。下午考试的七大模块分别是化学类、土木类、电气类、环境类、工业类、机械类与其他学科类等。FE 考试是闭卷考试。

本研究所用的 FE 考试的内容自 2009 年 4 月起生效,其上午考试的内容包括 12 个主题领域的 120 个问题。上午考试的内容如下:数学,大约占上午考试内容的 15%;工程可行性与数据,大约占 7%;化学,大约占 9%;计算机,

---

① Guide To The Feani Eur Ing Register. [EB/OL]. [2013-10]/[2014-04]. http://www.feani.org/site/index.php? eID=tx_nawsecuredl&u=0&file=fileadmin/PDF_Documents/EUR_ING_Tittle/Guide_to_the_Register_FINAL_approved_GA_2013.pdf&t=1397035057&hash=41590f33c2fffeddd532434596fd01ed6c058cc8.

② EUR-ACE_Framework-Standards_2008-11-0511,http://www.enaee.eu/wp-content/uploads/2012/01/EUR-ACE_Framework-Standards_2008-11-0511.pdf

大约占7%;伦理与职业实践,大约占7%;工程经济学,大约占8%;工程力学(静力学与动力学),大约占10%;材料强度,大约占7%;材料特性,大约占7%;流体力学,大约占7%;电磁学,大约占9%;热力学,大约占7%。下午考试专业性很强,以化学类考试为例,其内容包括11个主题领域的60道问题,具体如下:化学,大约占下午考试内容的10%;材料/能量平衡,大约占15%;化学工程热力学,大约占10%;流体力学,大约占10%;热量转换,大约占10%;质量转换,大约占10%;化学反应工程,大约占10%;过程设计与经济最优化,大约占10%;在化学工程中的计算机应用,大约占5%;过程控制,大约占5%;安全、健康与环境问题,大约占5%。

从FE考试的内容可知,它是与EC2000的准则4和准则3对应的。在EC2000的准则4中,所规定的学生应该学习的学科领域包括:(1)大学数学和基础科学的组合(为期一年);(2)工程科目,含工程科学和工程设计(为期一年半);(3)教学计划中的通识教育(general education)部分。从FE考试的上午考试内容来看,数学大约占15%,这与学生所要学习的学科领域(1)相对应;各类工程科目大约占75%以上,这与学生所要学习的学科领域(2)相对应;伦理与职业实践大约占7%,这与学生所要学习的学科领域(3)相对应。

从FE考试的下午考试内容来看,在化学类考试中,主要考的是化学基础科学与各类工程科目,同时也有5%的安全、健康与环境问题的知识。所以,下午考试的内容也与学生所要学习的学科领域相对应。

在EC2000的准则3中,要求工程专业必须证实毕业生具有11种能力,可归纳为四方面的能力:(1)熟悉自然科学基础知识的能力;(2)掌握工程技术与进行工程实践的能力;(3)熟悉人文社会科学知识与了解当代问题的能力;(4)有效的人际交流能力与对职业伦理责任的意识。因为EC2000的准则4要求学生学习的学科领域与准则3要求毕业生所具有的11种能力(即表3-7中EC2000对认证专业学生成果产出的规定)是相对应的,所以FE考试的内容也与准则要求毕业生所具有的能力是相对应的。

FE考试所要考的数学与化学基础科学等知识与准则3所要求的能力(1)相对应;FE考试所要考的工程科目的知识与准则3所要求的能力(2)相对应;FE所要考的伦理与职业实践,以及安全、健康与环境问题的知识与准则3所要求的能力(3)与能力(4)相对应。

表 3-7　EC2000 对认证专业学生成果产出的规定(2014—2015 年度)①

序号	内容
1	应用数学、科学与工程等知识的能力
2	进行设计、实验分析与数据处理的能力
3	根据需要设计一个部件、一个系统或一个过程的能力
4	在跨学科团队中发挥作用的能力
5	验证、指导及解决工程问题的能力
6	对职业道德及社会责任的了解
7	有效地表达与交流的能力
8	懂得工程问题对全球环境和社会的影响
9	终身学习的能力
10	具有关于当今时代问题的知识
11	应用各种技术和现代工程工具去解决实际问题的能力

资料来源:Criteria For Accrediting Engineering Technology Programs: Effective for Reviews During the 2014—2015 Accreditation Cycle.

二是 PE 考试内容与 EC2000 标准相对应。PE 考试持续 8 个小时,并且与 FE 考试一样分为上午考试与下午考试两部分。PE 考试是开卷考试。本文所涉及的 PE 考试的内容自 2011 年 4 月起开始生效。

以化学类考试为例。化学类考试的内容包括上午 4 小时内要完成的 40 道多项选择题和下午 4 小时内要完成的 40 道多项选择题,其具体内容如下:质量/能量平衡与热力学,大约占考试内容的 23%;热力学,大约占 13%;热量转换,大约占 16%;动力学,大约占 11%;流体学,大约占 16%;质量转换,大约占 14%;设计与运行,大约占 20%,其中经济学知识大约占 1%,设计大约占 10%,运行大约占 4%,安全、健康与环境大约占 5%。

PE 考试的内容与 EC2000 的准则 4、准则 3 相对应的。从 PE 考试中化学类考试的内容来看,各类工程科目大约占 80%,这与准则 4 中学生所要学习的学科领域(2)相对应;工程实践,以及经济学知识、安全、健康与环境知识大约占 20%,这与学生所要学习的学科领域(3)相对应。

---

① http://www.abet.org/uploadedFiles/Accreditation/Accreditation _ Step _ by _ Step/Accreditation _ Documents/Current/2014 _-_ 2015/T001% 2014-15% 20ETAC% 20Criteria% 2010-26-13. pdf〔2013-06〕/〔2014-04〕

从 PE 考试中环境类考试的内容看,各类工程科目大约占 85%,这与准则 4 中学生所要学习的学科领域(2)相对应;环境健康与安全,以及数学与数据分析、经济学与工程管理等大约占 15%,这与准则 4 中学生所要学习的学科领域(1)与学科领域(3)相对应。PE 考试所要考的数学、基本原理等知识与准则 3 所要求的能力(1)相对应;PE 考试所要考的工程科目的知识与准则 3 所要求的能力(2)相对应;PE 考试所要考的经济学、管理学与安全、健康、环境知识与准则 3 所要求的能力(3)与能力(4)相对应。

通过对以上美国高等工程教育专业认证标准与工程师注册考试内容的对应情况的分析,我们可以看到,美国的高等工程教育专业认证机构与工程师注册考试机构之间是有合作与配合的。两者之间的对应体现了认证机构与注册考试机构对于工程人才培养的规范,我们可以从中看到一条规范的人才培养的路径。

专业认证标准与工程师注册考试内容的对应,其核心是为了保证工程人才的学识、素质与能力。本文虽然没有从相关网站上发现必须要求高等工程教育专业认证标准与注册考试内容之间相对应的内容,但是,我们可以从以上分析发现美国高等工程教育专业认证机构与工程师注册考试机构为了这种对应所做的努力。

美国高等工程教育专业认证标准与工程师注册考试内容的相对应,体现了高等工程教育专业认证制度与工程师注册制度之间的衔接,这种衔接对于专业认证机构与工程师注册机构来讲都是十分必要的。

因为只有考试内容与认证标准相呼应,学生们才有能力、有知识去参加注册考试,才能维持工程师注册考试机构的存在;同时,因为工程师注册考试机构的考试内容一般都反映了工程界与社会各界对于工程人才素质的期望,所以,高等工程教育专业认证标准只有符合注册考试的需要,才能使接受过高等工程教育的学生满足社会的需求。

美国"2020 工程师"计划的《愿景报告》[①]与《行动报告》[②]相对应。美国"2020 工程师"计划所发表的《愿景报告》体现的是对工程师注册的标准要求,

---

① NAE," The Engineer of 2020:Visions of Engineering in the New Century",Washington DC:The National Academies Press,2004.

② NAE," Educating the Engineer of 2020:Adapting Engineering Education to the New Century",Washington DC:The National Academies Press,2005 .

它提出了新世纪工程师所要具备的能力与素质;《行动报告》体现的是美国高等工程教育专业认证系统的改革行动与改革措施。《愿景报告》与《行动报告》在制定组织、制定背景、制定目的与报告内容等方面的相互对应,体现了美国高等工程教育专业认证制度与工程师注册制度之间的衔接。

首先,《愿景报告》与《行动报告》都是由相同的组织发起,经过深入研究之后发布。美国"2020工程师"计划是由美国工程院(NAE)与美国自然科学基金委员会(NSF)共同组织发起的。"2020工程师"计划于2001年10月正式启动,该计划于2004年与2005年分别发表了两个正式报告,也就是《愿景报告》与《行动报告》。

其次,《愿景报告》与《行动报告》都是面向未来工程实践的实际需求而制定的。《愿景报告》分析了未来工程实践的技术、社会与专业大背景,并据此提出了对未来工程师应该具备的能力与素质的要求。《行动报告》也是根据未来科技迅猛发展、社会问题日益复杂、跨专业与跨领域合作的需求日益显著等背景而提出各项工程教育的改革措施,包括巩固与提高工程专业的地位、扩大全方位的合作、推动工程教育普及化与坚持改革策略的系统性等。

再次,《愿景报告》与《行动报告》的目的相同、相通。这两份报告旨在为美国建立新世纪的工程愿景和工程教育改革行动提供了纲领。《愿景报告》与《行动报告》都服务于美国"2020工程师"计划,这两份报告的目的都是进一步深化美国工程教育的改革,培养一批符合2020年需要的合格的工程人才,从而保障与提升美国在新世纪全球科技竞争中的优越性。

此外,《愿景报告》与《行动报告》的内容相对应,《行动报告》所提出的美国在新世纪的高等工程教育改革方向、改革措施与《愿景报告》所提出的新世纪工程师应该具有的能力、素质相对应。

《行动报告》提出的工程教育的高层化,指的是提升工程职业入门的学术要求与实践经验要求。这一要求有助于增强工程师的能力与素质,具体就是《愿景报告》所指的未来工程师需要具备的分析能力、实践经验、创造力与终身学习能力。分析能力指的是在科技高速发展的情况下所应具备的设计能力与知识运用能力;实践经验指的是解决工程问题、探索思路时的经验丰富程度;创造力指的是工程师开发与设计新产品时具有的先进的理念与敏锐的洞察力等;终身学习能力是指工程师需要及时更新自己的知识库。显然,如果工程师具备更高水平的学位与更丰富的实践经验,有利于提高自身的分析能力、实践经验、创造力与终身学习能力。

英国工程教育专业认证标准与工程师注册标准相衔接。英国工程委员会(EngC)对工程教育专业认证标准的定位该委员会颁布的英国工程职业能力标准文件(UK Standard For Professional Engineering Competence,UK-SPEC),该文件规定了在英国范围内从事工程职业、注册为各类型工程师的标准。因此,要把工程教育专业认证的学习产出标准放在英国工程职业能力标准文件对特许工程师和技术工程师的能力与承诺的描述中去解读。这就保证了不同类型和层次的经过认证的学位项目与不同层次工程师对毕业生知识和能力的要求形成了衔接。

英国工程教育专业认证遵循的是学生的学习产出标准。学习产出分为一般学习产出(General Learning Outcomes)和特殊学习产出(Specific Learning Outcomes)。

一般学习产出包括"知识和理解""智力能力""实践技能"和"通用的可转移技能"。一般学习产出具有普遍性,其认证标准会运用到所有的项目中,它是以可注册为特许工程师的荣誉学士学位项目为基础来制定的,对于其他认证项目则会设置适用性的标准。

特殊学习产出包括:"由相关工程学会定义的支撑性的科学和数学,以及相关的工程学科""工程分析""设计""经济、社会和环境背景"和"工程实践"。不同的认证项目在特殊学习产出的各项认证标准上均有所不同,特殊学习产出的认证标准可以充分显示出项目的特殊性。

与之相对应的是,英国工程职业能力标准文件将对工程技术员、技术工程师和特许工程师的能力和承诺分为五项:"知识和理解""设计和开发过程、系统、服务和产品""责任、管理或领导力""沟通和人际交往能力"以及"职业承诺"。对工程技术员、技术工程师和特许工程师来说,这五项能力和承诺的标准呈现出由低到高的要求。

与荣誉学士学位毕业生对应的是技术工程师,与综合型工程硕士学位毕业生对应的是特许工程师。

以认证中对"通用的可转移技能"的要求来看,对于荣誉学士学位的毕业生来说,必须发展出将会在各种各样的解决方法中都有价值的可转移技能,包括解决问题、交流和与他人一起工作,以及有效利用通用的 IT 设备和信息检索的技能,还包括作为终身学习基础的自学计划和表现改进。

而对综合型工程硕士学位毕业生来说"通用可转移技能"的要求更高。需要其具备开发、监督和更新一个计划以反映变化的操作环境的能力;监督和修正一个持续工作的个人项目,以及独立学习的能力;理解团队中的不同角色,以及实施领导的能力;在不熟悉的情境下学习新理论、概念、方法等的能力。

对技术工程师和特许工程师"责任、管理或领导力"的要求也呈现出不同的标准,技术工程师要能够"提供技术和商业管理",要求包括:计划有效实施项目;管理任务、人员和资源来进行计划和预算;管理团队和开发人员来满足不断变化的技术和管理需求;管理持续质量改进四方面内容。而特许工程师要能够"提供技术和商业领导",要求包括:计划有效实施项目;计划、预算、组织、指挥和控制任务、人员和资源;领导团队和开发人员来满足不断变化的技术和管理需求;以及通过质量管理带来持续改进四方面内容。对特许工程师增加了领导团队,掌控和指挥工作任务的内容。

以对第三方面的要求为例,对技术工程师来说,需要管理团队和开发人员来满足不断变化的技术和管理需求。这可能包括如下能力:与团队和个人就目标和工作计划达成一致;确认团队和个人的需求并为他们的发展进行计划;加强团队对职业标准的承诺;管理和支持团队及个人发展;评估团队和个人表现并提供反馈。

特许工程师则要领导团队和开发人员来满足不断变化的技术和管理需求。这可能包括如下能力:与团队和个人就目标和工作计划达成一致;确认团队和个人的需求并为他们的发展进行计划;加强团队对职业标准的承诺;领导和支持团队及个人发展;评估团队和个人表现并提供反馈。

(二) 我国工程教育专业认证标准与工程师注册标准的衔接

中国工程教育专业认证同样采用产出导向型的认证标准,其通用标准的毕业要求项对毕业生有明确的知识、能力和素质要求[①]:

专业必须有明确、公开的毕业要求,毕业要求应能支撑培养目标的达成。专业应通过评价证明毕业要求的达成。专业制定的毕业要求应完全覆盖以下内容:

---

① 中国工程教育专业认证通用标准 http://ceeaa. heec. edu. cn/column. php? cid = 17

1. 工程知识：能够将数学、自然科学、工程基础和专业知识用于解决复杂工程问题。

2. 问题分析：能够应用数学、自然科学和工程科学的基本原理，识别、表达并通过文献研究分析复杂工程问题，以获得有效结论。

3. 设计、开发解决方案：能够设计针对复杂工程问题的解决方案，设计满足特定需求的系统、单元（部件）或工艺流程，并能够在设计环节中体现创新意识，考虑社会、健康、安全、法律、文化以及环境等因素。

4. 研究：能够基于科学原理并采用科学方法对复杂工程问题进行研究，包括设计实验、分析与解释数据，并通过信息综合得到合理有效的结论。

5. 使用现代工具：能够针对复杂工程问题，开发、选择与使用恰当的技术、资源、现代工程工具和信息技术工具，包括对复杂工程问题的预测与模拟，并能够理解其局限性。

6. 工程与社会：能够基于工程相关背景知识进行合理分析，评价专业工程实践和复杂工程问题解决方案对社会、健康、安全、法律以及文化的影响，并理解应承担的责任。

7. 环境和可持续发展：能够理解和评价针对复杂工程问题的专业工程实践对环境、社会可持续发展的影响。

8. 职业规范：具有人文社会科学素养、社会责任感，能够在工程实践中理解并遵守工程职业道德和规范，履行责任。

9. 个人和团队：能够在多学科背景下的团队中承担个体、团队成员以及负责人的角色。

10. 沟通：能够就复杂工程问题与业界同行及社会公众进行有效沟通和交流，包括撰写报告和设计文稿、陈述发言、清晰表达或回应指令；并具备一定的国际视野，能够在跨文化背景下进行沟通和交流。

11. 项目管理：理解并掌握工程管理原理与经济决策方法，并能在多学科环境中应用。

12. 终身学习：具有自主学习和终身学习的意识，有不断学习和适应发展的能力。

补充标准包括土木类专业、测控技术与仪器专业、材料类专业、食品科学与工程专业、矿物加工工程专业、采矿工程专业、交通运输类专业、电子信息与电气工程类专业、安全工程专业、环境工程专业、水利类专业、化工与制药专业、计算机科学与技术专业、机械类专业、测绘工程专业、地质类专业等 16 个行业专业补充标准。[①]

　　我国还没有统一的工程师注册的通用标准,本研究以化工领域为例分析产出导向型的专业认证标准与能力导向型的职业准入标准的衔接。

　　我国注册化工工程师执业资格考试由基础考试和专业考试组成,其中基础考试包括公共基础考试和专业基础考试,专业考试包括专业知识考试和专业案例考试。公共基础考试持续半天(4 小时),考试内容的分值分布体现了相应的知识结构要求:数学 20%,热力学 9%,普通化学 14%,工程力学 15%,电工学 10%,流体力学 8%,计算机与数值方法 12%,工程经济概念 6%,职业道德 6%;专业基础考试分值结构:物理化学 20%,化工原理 50%,过程控制 6%,化工设计基础 15%,化工污染防治 9%;专业知识考试分值结构:物料与能量平衡 16%,热力学过程 10%,流体流动过程 14%,传热过程 14%,传质过程 14%,化学反应动力学 6%,化工工艺设计 10%,化工工艺系统设计 10%,工程经济分析 3%,化工工程项目管理 3%。

　　我国工程教育专业认证的化工与制药类专业补充标准[②]的课程体系部分包括课程设置、实践环节和毕业设计,其中课程设置对数学与自然科学、工程基础、专业基础、专业四类课程的内容提出基本要求。

　　1. 数学与自然科学类课程:(1)数学主要包括微积分、微分方程、线性代数、概率和统计等基本知识;(2)物理主要包括力学、光学、分子物理学、热力学、电磁学等;(3)化学主要包括无机化学和分析化学等。

　　2. 工程基础类课程的教学内容包括计算机与信息技术类、工程制图类、电工电子类等,以及设计概论、过程安全、环境与资源保护及可持续发展等内容。

　　3. 专业基础类课程:化学类课程的教学内容包括有机化学、物理化学等。对化工类专业,专业基础类课程的教学内容主要包括化工原理、化工热力学、化学反应工程、化工过程控制、化工设计等。

　　4. 对化工类专业,专业类课程的教学内容包括分离工程、化工系统工程等,以及石油化工、天然气化工、煤化工、精细化工等相关知识领域。

　　实践环节主要包括实验、工程设计、实习、科技创新和社会实践等多种形式。

---

　　① 中国工程教育专业认证补充标准 http：//ceeaa. heec. edu. cn/column. php? cid＝18&ccid＝56
　　② 中国工程教育专业认证补充标准,化工与制药类专业 http：//ceeaa. heec. edu. cn/column. php? cid＝18&ccid＝28

　　将注册化工工程师执业资格考试内容与工程教育专业认证的化工类专业补充标准进行对比(见表3-8),可见两者之间的衔接非常明显,各项内容基本呈现一一对应的关系。前者的基础考试内容主要与后者的数学与自然科学、工程基础、专业基础类课程相对应;专业考试中工艺设计类内容所占分值为20%,并包括化工工程项目管理和工程经济的内容,这与化工类专业认证补充标准中毕业设计的要求内容相契合。

　　以职业准入标准的知识结构、能力和素质要求为基础,制度工程教育专业认证的产出标准,使得经过认证专业的毕业生更容易达到职业准入要求,在工程人才市场具有更高的竞争力,从而激励高校更加积极主动地参与工程教育认证工作,使得高等工程教育与产业界的要求紧密衔接,培养国家经济发展真正需要的人才。

表 3-8　我国注册化工工程师执业资格考试内容与工程教育专业认证化工类
专业补充标准的对比

序号	注册化工工程师执业资格考试内容		工程教育专业认证的化工类专业补充标准	
1	公共基础考试	数学	微积分、微分方程、线性代数、概率和统计等	数学与自然科学类课程
		热力学	热力学	
		普通化学	无机化学和分析化学	
		流体力学	力学	
		工程力学		
		电工学	电工电子类	工程基础类课程
		计算机与数值方法	计算机与信息技术类	
		工程经济概念		
		职业道德	环境与资源保护及可持续发展等	
2	专业基础考试	物理化学	物理化学	专业基础类课程
		化工原理	化工原理、化工热力学	
		过程控制	化工过程控制	
		化工设计基础	化工设计	
		化工污染防治	生产安全及"三废"治理方案的制定(毕业设计内容)	

续表

序号	注册化工工程师执业资格考试内容		工程教育专业认证的化工类专业补充标准	
3	专业知识考试	物料与能量平衡	各校可根据人才培养目标、自身优势和特点，设置专业类课程教学内容。 对化工类专业，专业类课程的教学内容包括分离工程、化工系统工程等，以及石油化工、天然气化工、煤化工、精细化工等相关知识领域	专业类课程
		热力学过程		
		流体流动过程		
		传热过程		
		传质过程		
		化学反应动力学		
		化工工艺设计		
		化工工艺系统设计		
		工程经济分析		
		化工工程项目管理		
4	专业案例考试		毕业设计内容包括：运用资料(文献、手册、规范、标准等)搜集所需的信息；技术路线的选择及操作参数控制方案的确定；分析方案的制定；编程或利用现有软件进行装置的工艺计算及典型设备的选型和计算；带控制点工艺流程图、设备布置图等图纸的绘制；生产安全及"三废"治理方案的制定；工程的技术经济评价；撰写设计计算书和设计说明书；结题答辩等	毕业设计

第四章　基于创新性实践教育理念的工程师培养模式研究

　　院校工程教育和工程师职业资格不能有效衔接是对工程教育资源的极大浪费,也是我国工程科技人力资源禀赋提升的主要障碍。国内工程教育界对此已经讨论了将近30年。特别是在国内产业升级转型和全面、直接面向国际竞争的新的历史时期,这一制度性障碍应该解决,也能够解决,而且要尽快解决。但是,这种体制机制的障碍不是一朝一夕形成的,具有非常复杂的因素,不仅是教育系统的问题,也是整个社会的问题,只能通过系统的、稳健的改革去调整和适应。

　　我们认为,要解决工程教育与职业资格有效衔接问题,不能把责任全部推给工程师制度存在的问题,甚至不在于分析问题的根源,其实很多问题已经提了二十多年,原因已经比较清晰了。现在最为重要的是如何解决这些问题,是消极等待工程师职业资格制度的改革吗? 工程师职业资格的问题解决了,工程教育的问题就迎刃而解了吗?

　　工程师职业资格的问题本质上是评价问题,好的评价制度可以起到导向和激励作用,但是好的评价制度往往是各种因素综合作用的结果,而不是原因。要解决工程教育与工程师制度的衔接问题,要从院校工程教育自身进行反思。近十年来,院校工程教育改革发生的最重要变化之一是通过工程人才培养模式改革,累积经验、发挥示范效应,以自身改革去推动外部体制机制的改革。

　　而实现工程教育认证与工程师职业资格有效衔接的关键,在于工程科技人才培养是否抓住了工程教育的核心问题。"科学家发现已有的世界,工程师创造未有的世界",可见工程师的天职是通过实践进行创新。我们认为,当前工程教育存在的最突出问题是院校工程教育的工程性（实践性）和创新性不足。

从外部环境来看，工程教育不能适应工程技术发展的变化。第一，现代工程问题本身变得越来越复杂。这对工程教育的工程性与创新性提出了新挑战。复杂性的工程问题经常需要提出跨学科、跨领域、跨文化的解决方案，这对未来工程师的专业技能与胜任素质培养提出了更高的要求，当前跨学科、跨领域进行工程教育的模式创新不足，还不能有效满足这种要求。第二，现代工程技术发展越来越快。当前，科学技术的发展突飞猛进，科技创新已经成为经济社会发展的主要驱动力。全球科技创新呈现出新的特征，新发现、新技术、新产品、新材料更新换代周期越来越短，而创新型人才的缺乏已经成为科技创新的瓶颈问题，在工程科技领域表现得更为突出。

从院校工程教育自身来看，工程教育本身难以适应工程性、创新性人才培养的需要。第一，教师工程背景不足。工程教育是实践性很强的教育，工科教师的重要性恐怕不在于传授书本知识，而在于培养学生解决实际问题的能力，引导他们在工程训练中养成工程思维、培育创新精神。要做到这一点，工科教师自身要具备深厚的工程背景，要对工程有深刻的理解和体验。当前，普遍存在着大学工科教师工程经验不足的问题，一些工科教师毕业后即走上讲台，很少企业工作经历。这直接导致了工程教学和工程实践的脱节。正如有研究指出的，改革开放以后，随着在特定历史时期具有工厂实际工作经历的教师逐渐退休，新一代教师几乎没有以工人身份参与过工程实践。[①] 如何有效解决这一问题，是当前工程教育改革的一项紧迫任务。第二，学生实践动手能力不足。工程学科比其他学科更加强调"做中学"，强调工程实践能力的训练，强调在自己动手、亲身体验中发现和解决工程实践问题。然而，在相当长的一段时期，院校工程教育中的工程实践环节的训练不是加强而是削弱了，这不仅表现在实践教学环节的学时减少了，更表现为学生亲自动手操作的机会减少了。第三，产学合作培养人才不够。由于历史和体制的原因，高校与行业的联系在近些年在很大程度上削弱了，在市场经济背景下，要解决这个问题，涉及很多的政策调整和机制更新。

要想解决院校工程教育中的工程性（实践性）和创新性不足的问题，关键

---

① 顾秉林. 大力培育工程性创新性人才[J]. 清华大学教育研究，2014(4)：1-6.

在于建立与创新实践能力培养相适应的人才培养模式。这些人才培养模式需要聚焦在教师发展、学生发展上。其主要途径是加强校内合作、校际合作和产学合作。在校内合作方面,要提供一种有效的学习和实践环境,激发教师和学生的内在动力。包括加强不同学科与院系之间的合作,例如加强校内工程通识教育,加强校内基本工业训练,开设跨学科的课程,减少跨院系选课的限制,等等。在校际合作方面,应该互通有无,取长补短,包括设立联合培养项目,建立教师、学生校际交流机制,等等。在与行业企业的合作方面,要激励和吸引行业企业积极参与到工程人才的培养过程中,建立起联合培养人才的新机制。

一、创新性实践教育理念下人才培养模式

(一) 人才培养模式

人才培养模式具有多种解读。

第一种是规范—样式说。这种观点强调人才培养的标准和具体操作。例如,有学者认为,人才培养模式是一定教育机构或教育工作者群体普遍认同和遵从的关于人才培养活动的实践规范和操作样式,是直接作用于受教育者身心的教育活动全要素的总和和全过程的总和。[①] 还有学者认为人才培养模式是指在一定的教育思想和教育理论指导下为实现培养目标而采取的培养过程中的某种标准构造样式和运行方式。[②]

第二种是要素—过程说。这种观点强调人才培养模式的主要内容教学要素的实现过程。例如,有学者认为,人才培养模式是在一定教育理论指导下,在实践中形成的将教学活动诸要素联结起来的结构和实施教学的程序和方式。[③]

第三种是规范—要素—过程说。有学者认为,人才培养模式是指培养主体为了实现特定的人才培养目标,在一定的教育理念指导和一定的培养制度保障下设计的,由若干要素构成的具有系统性、目的性、中介性、开放性、多样性与可仿效性等特征的有关人才培养过程的理论模型与操作样式。[④]

---

① 魏所康. 培养模式论 [M]. 南京:东南大学出版社,2004;241.
② 龚怡祖. 略论大学人才培养模式[J]. 高等教育研究,1998(1);43-46.
③ 刘智运. 改革人才培养模式,培养创新型人才[J]. 教学研究,2010(6);1-6.
④ 董泽芳. 高校人才培养模式的概念界定与要素解析[J]. 大学教育科学,2012(3);30-36.

人才培养模式的界定既不能太泛，也不能太窄。如果界定太泛，人才培养将等同于整个人才培养活动；如果界定太窄，则有可能将其限定在教学的具体环节。我们认为，人才培养模式可以简要界定为人才培养目标实现的要素互动过程。人才培养目标是学校办学理念和外部需求互动的产物，人才培养需要回应行业发展需求，结合高校自身优势和办学特色进行确定。同时要符合具体学科专业的知识认知和能力培养的基本规律。人才培养目标要通过人才培养标准嵌入到在人才培养方案设计和课程体系设计中，并在教育环境和资源的支持下得以实现。在人才培养模式中，最为关键的是教师、学生和支撑资源。三种要素的互动关系决定了人才培养的样式和风格。因此，人才培养模式具有鲜明的校本特色。

（二）创新实践教育理念

创新实践教育理念最早是清华大学根据长期的办学经验进行总结和提炼后提出的。其核心是高水平学科建设为基础，以"厚基础、重实践、求创新"为特色，以"研究型学习、高水平科研、多样化交流"为内容，以"科学的教学管理机制、有效的资源配给机制"为保障的创新性实践教育模式。具体来说，创新性实践教育，是以培养学生创新意识和能力为指向的实践教育活动。通过开展创新性实践教育，使学生学会提出问题，开展面向问题的研究型学习，经受运用新知识锲而不舍解决问题的过程磨炼，体会成功解决问题的顿悟过程，通过获得创新成果，产生成就感，树立自信心，培育创新精神，提升创新能力。[①]

（三）工程教育模式的主要特点

我们认为，创新实践教育理念下的工程教育模式应具有以下主要特点：

第一，聚焦能力发展。将人才培养的中心聚焦在学生的实践动手能力和创新能力。将创新实践能力培养贯穿到工程教育的全过程。加强适应学生工程实践创新能力培养的课程体系建设，加强工程通识教育，加强工程设计环节、加强校内实践教学。支持学生基于问题的学习、基于项目的学习，提高学生的创新意识、创新精神和创新能力，提高学生的专业知识迁移能力，提高学生解决实际工程问题的信心和能力。

---

① 顾秉林，王大中，汪劲松，陈皓明，姚期智. 创新性实践教育——基于高水平学科建设的创新人才培养之路[J]. 清华大学教育研究，2010(1)：2.

第二,坚持教研融合。树立以人才培养为根本的理念,将科研作为人才培养的重要支撑,鼓励工科教师将本领域的前沿知识、新技术、新方法和解决工程实践问题的案例带进课堂,根据培养计划对学生知识能力规格的要求,支持和鼓励学生有选择的参与工程实践研究项目,鼓励学生的研究性学习。

第三,加强产学合作。整合校内外工程教育资源,创造有利于创新实践能力培养的支持环境。加强校内综合工业训练中心建设,建立稳定的校企合作联盟,加强企业工程实践教育中心建设。邀请企业专家参与工科教学指导委员会,参与人才培养方案的制定和培养过程指导。加强企业兼职教师的聘任和实际作用。

我们认为,创新实践教育不仅适用于清华大学这样的高水平大学,也适用于普通院校的工程教育。这是因为创新能力和实践能力培养始终是工程教育的核心内容。不同类型的院校可以根据自身的特色和人才培养优势设计和发展自己的创新实践教育体系。

图 4-1 是创新实践教育的基本模式。这一模式概括了相关要素之间的互动关系。后续研究将针对具体案例进行分析。

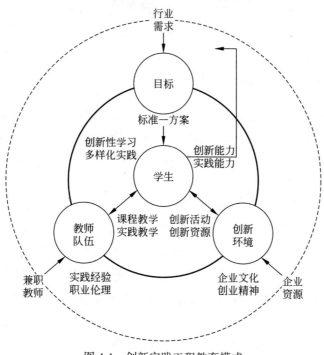

图 4-1　创新实践工程教育模式

二、研究型大学的创新实践教育：以清华大学为例

2009 年，清华大学系统地提出了创新性实践教育的理论（图 4-2）。下面就各个要素做出介绍。

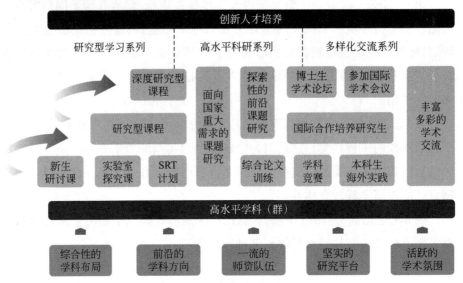

图 4-2　清华大学创新性实践教育体系①

（一）新生研讨课

新生研讨课（Freshman Seminar）根源于 19 世纪后期美国大学的"新生引导课程"（Freshman Orientation Course）。早期的美国新生引导课，目的在于帮助学生适应大学的环境，引导学生顺利地从中学过渡到大学。20 世纪初，随着美国研究型大学的发展，美国的新生引导课程开始引入柏林大学的小组研讨课形式（Seminar），更多地强调课程的学术引导。因此，新生引导课程逐步发展成为新生研讨课。"冷战"时期，美国高等教育为了加强其科学与技术教育，进一步强化了学术性。1959 年，哈佛大学首创"新生研讨课"，强调加强新生的学术经历。1998 年，美国研究型大学本科教学委员会发布报告《重建本科教育：美国研究型大学发展蓝图》，建议研究型大学开设以研究性学习为核心

---

① 顾秉林,王大中,汪劲松,陈皓明,姚期智. 创新性实践教育——基于高水平学科建设的创新人才培养之路[J]. 清华大学教育研究,2010(1):1-5.

特征的新生研讨课。2001年,该委员会对美国研究型大学的调查显示,开设学术转换型新生研讨课的大学比例占到80%,其中42%的学校覆盖半数以上的大一新生。①

2003学年秋季学期,清华大学开始开设新生研讨课。其课程规定如下:(1)课程定位。新生研讨课是面向全校大一新生的选修课,其教学目的不仅在于让新生学习知识,更重要的是让新生经历认知过程,启发学生研究和探索的兴趣,培养学生的能力。课程结束考核合格者取得课程学分。(2)课程专题。新生研讨课以专题方式进行。任课教授在选题时应考虑新生特点,重在激发新生的兴趣和主动参与意识。所选专题可以涉及任何学术领域,鼓励交叉学科选题。由于课程学时的限制,开课教授一般结合其研究项目,选择有研究体会的、具体的专题。(3)任课教师。新生研讨课的任课教师由热爱本科教学、学术造诣较高的知名教授担任。教授上课期间定期与学生见面,确保与学生直接接触的时间。教授的主要责任,一是根据新生特点,选择能激发兴趣和主动参与意识的课程专题,介绍必要的知识;二是组织开展小组讨论,鼓励学生主动参与,指导学生学习和研究。(4)选课学生。全校各院系的新生都可以根据自己的兴趣,自主选修一门研讨课,在参与课程讨论、研究的过程中,从教师的学识风范、个人体验中,领悟研究型学习方法和学习氛围,培养创新精神、合作精神和表达能力。(5)主要教学形式。新生研讨课强调师生互动,通过教授与学生之间、学生与学生之间的交流互动、口头及写作训练,以小组方式边学习,边讨论。可以根据需要,安排实验、参观、调查等教学活动。(6)考核方式。新生研讨课考核方式由任课教师确定,一般不采用书面考试方式,而代之以灵活多样的考核方式,如口头报告和书面报告。(7)课堂容量。为保证小组讨论的效果,每门课程的选课人数限制在8~30人以内,各门课程的具体人数由任课教师确定。② 自2003年以来,清华大学的新生研讨课开课能力达到每年200门次以上,基本覆盖了全体本科新生。

(二) 实验室探究课

2007年3月,清华大学开设面向全校本科生的大型选修课——实验室科

---

① 张红霞. 美国大学的新生研讨课及其启示[J]. 中国大学教学,2009(11):93-96.
② 张文雪,刘俊霞,张佐. 新生研讨课的教学理念与实践[J]. 高等工程教育研究,2005(6):107-109.

研探究课,促进实践教学与基础课程的有机结合。①

实验室科研探究课的具体做法是,在清华大学全校实验室范围内筛选一批典型科研成果,组织学生轮流到相关教学单元实验室,由高水平教师进行现场教学,以科普语言和各种直观形式全方位展示科研过程。课程设立概论讲课和资料阅读环节,帮助学生从宏观上了解科学技术的演进和产业的发展;在微观上用具体案例引向深入,并与科研实践相结合。学生每学期可选修 8 个不同院(系)的教学单元。实验室科研探究课涵盖理、工、文、医等领域,主讲教师中既有院士、国家级教学名师和高水平教授,也有实践经验丰富的工程师。教师讲述科研项目的立项背景和实施过程、所依托的装备条件和遇到的问题、解决问题的思维方法,与学生分享科研心得体会。课程作业就是要求学生记实践日志,记录学习中的所见所闻和自己的探究与发现。这能有意识地引导学生了解自己的思维过程,在教师的指导下打好认知科学的基础,学会积极思维,引导深度思维。②

实验室探究课对于整个清华大学实践教育体系的优化具有重要的意义。实验室科研探究课注重与其他课程及教学环节的融通,从而使整个教学体系的全局得到优化。一方面,实验室科研探究课为学生提供了解 SRT 项目和各类赛事的畅通渠道。学生可以根据实验室科研探究课所获取的线索,主动找相关教师寻求跨学科的业务指导。有的学生在观摩教师所从事的各个具体科研项目的过程和方法后,把它们借鉴到自己的暑期实践活动中,借助探究课的网络平台把实践地办成后续课程学习的试验田,形成与实践地的反馈关系,提高社会实践选题的延续性和教学功能。另一方面,实验室科研探究课力争成为第一课堂的前期铺垫和后期实践场所。各位教师提炼自己教学单元应用的基本概念和依托的基本实验技术,为以后的理论课程作铺垫;同时也将这些信息汇总提供给物理、化学、数学等基础课教研室,使基础课教师在讲授相关基本概念时,可提醒学生到相关单元进行实地考察。这样学生对一个概念能多次接触、相互印证,有助于认识的形成和深化。同时,实验室科研探究课各教学单元的信息都会发给新生研讨课的各位教师,以便他们对后续选上探究课的学生进行内容和方法的指导。截至 2009 年春季学期,共有 32

---

①② http://www.chsi.com.cn/jyzx/200909/20090925/34161061.html

个院(系)的80多个实验室参与开课,100余位教师参与授课,2500余名学生选课。①

(三) SRT 计划

1996年,清华大学在国内率先提出并实施大学生研究训练(SRT,Students Research Training)计划。该计划是指由清华大学组织本科学生进行教师指导下的独立科研活动,学生进行项目申报、教师做出专业性的指导、学校提供项目资助,项目的研究主体是学生团队。

作为一种非必修性的、兴趣性的实践环节,学校积极给予到位的管理制度和激励政策,制定《清华大学大学生研究训练(SRT)计划管理办法》;提供大学生研究训练指南;鼓励将SRT计划纳入教学计划;准许优秀SRT项目替代综合论文训练;项目结题后给予学分;承认教师指导工作量等。学校在政策机制上的大力支持保障了SRT计划的顺利实施。②

近二十年来,清华大学SRT计划的投入经费持续增长,规模与受益面稳步扩大,参与度和项目水平不断提高,成为本科生参与学术科技活动、培养创新精神和实践能力的重要平台,在清华本科生中已成为拥有良好口碑和广泛影响的、一个独具特色的品牌,在全国高校中影响重大,起到了很好的引领作用。③据统计,2000年以后,清华大学SRT项目每年参与本科生人数已经达到1000人次以上;2007年以后,清华SRT立项数量达到每年1000余项的规模,60%以上的本科生在读期间参加了一项或以上的SRT项目。④

(四) 研究型课程

研究型课程是指普遍性地转变课程教育方式,其中以基于问题的教学(PBL,Problem-Based Learning)为典型的方式。在研究型课程中,不再采用教师传授、学生接受式的教学,学生进行课程学习不仅仅是接受知识,更重要的

---

① http://www.chsi.com.cn/jyzx/200909/20090925/34161061.html

② 孙若飞,马璟. 激发学术志趣培养创新人才[J]. 中国大学教学,2014(11):31-34.

③ http://www.tsinghua.edu.cn/publish/news/4205/2013/20130409132253805631780/2013040913 2253805631780_.html

④ 孙若飞,马璟. 激发学术志趣培养创新人才[J]. 中国大学教学,2014(11):31-34.

是要学会批判性和创造性地思维,学会发现问题和提出问题,学会对知识进行分析与整合,学会对知识进行评价,并最终对知识有所贡献和创新。[①]

(五) 真实性高水平科研项目

近年来,清华大学注重把学科建设和科学研究的优势和成果转化到人才培养环节中。学生,尤其是研究生,已经成为清华大学所承担的国家各个层次重大课题研究的主要人力资源。清华大学 70% 以上的博士生在学期间参研两项以上"863""973"自然科学基金等重大课题,以学生为第一作者发表 *Science*、*Nature*、*Cell* 等国际顶尖期刊等 SCI 论文占全校 SCI 论文的 60 %(约 1700 篇/年)。作为清华大学"真刀真枪做毕业设计"的传统在新时期的继承和发展,综合论文训练以前沿的学科研究为平台,80 % 以上的选题来自教师的理论研究、应创新性实践教育用研究课题,使学生在分析问题与解决问题的过程中,培养良好的科学素养,培育团队协作精神,提高创新意识和实践能力,成为学校拔尖创新人才培养体系的重要一环。[②]

(六) 多样化交流

创新离不开交流。典型的学术交流活动有博士生学术论坛、研究生出席国际学术会议、进入国际合作培养项目、本科生参加学科竞赛和海外实践,等等,这些活动大大丰富了清华学生学术交流的形式和内容。例如,清华大学每年都有大批博士生出国参加国际学术会议,每年学校都会选拔一批大一新生到国外名校进行访学交流。学术交流不仅帮助学生了解其他人的研究工作,获得了新的信息和灵感,更激发了自己从事创新性研究的斗志和意志、信心和决心。[③]如果没有交流,关起门来做学问,想要激发学生的创新欲望和行动,是非常困难的。据 2011 年的统计,清华大学每年有 50% 左右的博士生在学期间有机会到境外开会或者学习;30% 左右的本科生有海外学习和访问的经历;每年约有 2 000 名左右研究生出国参与学术交流。学校提供学生出境学习和考察的必要费用。学生自身也组织了与国际化相关联的学生组织,比如

---

① 高虹,刘惠琴. 从基于问题的学习看研究型课程教学[J]. 中国高教研究. 2003(11).

②③ 顾秉林,王大中,汪劲松,陈皓明,姚期智. 创新性实践教育——基于高水平学科建设的创新人才培养之路[J]. 清华大学教育研究,2010(1):1-5.

清华大学学生对外交流协会、清华大学学生国际文化交流协会等。目前,在学生国际化培养的几种方式中,比例最大的是国际竞赛;其次是交换生和海外学习。此外,国际会议、合作研究、短期课程都已经成为学校多样化的国际化方式。[①]

可见,清华大学实践教育的内涵和外延在过去二十多年已经得到了明显的拓展。在传统的教育模式中,一提及实践教育,人们主要想到的是社会实践、认知实习、生产实习、企业实习等。创新性实践的内涵要更加丰富、外延要更加广泛。从 20 世纪 90 年代开始,清华大学的实践教学已经不再局限于社会实践、企业实习等,而是以高水平学科建设为基础、以创新人才培养为目标的一系列外延更为宽广的教育活动。创新性实践教育新增了研究型学习、高水平科研、多样化交流等三大实践教育类型。在新增的这三大类型中,新生研讨课、SRT(Students Research Training)计划、研究型课程、课题研究、学术论坛、国际合作培养、学科竞赛等都无法纳入到传统的实践教育概念体系中。值得注意的是,新增的三大类型在教育教学活动中占有极高的比重。因此,创新性实践教育概念体系的提出是有必要的。

清华大学的探索对于整个中国高等工程教育的改革具有重要的意义。新生研讨课、研究型课程、SRT、高水平科研、多样化交流已经逐步在"985"高校、"211"高校以及其他各种层次和类型的高校中得到推广,其中还形成了很多全国性的政策。因此,创新性实践教育已经逐渐具备中国特色。

三、国外大学创新实践教育:以美国欧林工学院为例

欧美等发达国家的高等工程教育改革是如何推进的? 这里重点介绍备受关注的美国欧林工学院工程教育改革进展。

(一)欧林工学院的广义工程教育

美国的富兰克林·欧林工学院(Franklin W. Olin College of Engineering)是新兴工程学院,1997 年始建,2006 年第一届学生毕业。在美国科技界和教育

---

① 史静寰. 构建院校主导的国际化实践模式——清华大学国际合作与交流案例分析[J]. 世界教育信息,2011(5):24-27.

界，欧林工学院被认为是在推动一场针对美国传统高等工程教育的彻底、系统、具有示范意义的改革。①

欧林工学院认为，工程活动和工程教育必须把其关注点延伸到人类的需求。也就是说，工程必须考虑市场和产品。狭义的工程活动主要是对人类抽象理念的具体化，是一种设计过程，是对产品原型的创造（creativity），而在工程前期环节缺乏对工程活动的社会背景的认识，在后期环节缺乏对工程活动商业背景的认识。广义的工程不局限于设备、机械、过程和系统等要素本身，而是涵盖从需求到市场产品的全过程，既包括狭义的工程活动，也包括工程前期对社会背景的认识和实践，还包括后期对商业背景的认识和实践，涵盖了图 4-3 中的所有环节。②

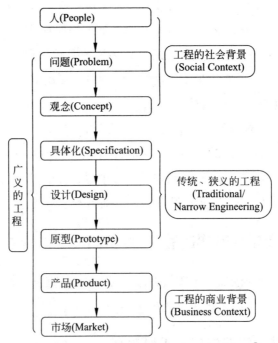

图 4-3　现代广义工程与狭义工程之间的区别③

---

①　王孙禺,曾开富. 针对理工教育模式的一场改革——美国欧林工学院的建立背景及理论基础[J]. 高等工程教育研究,2011(4):18-26.

②③　曾开富,王孙禺. "工程创新人才"培养模式的大胆探索——美国欧林工学院的广义工程教育[J]. 高等工程教育研究,2011(5):20-31.

广义的工程是一种具有技术可行性与经济可行性相结合、对社会产生长远有益影响、具有长期社会吸引力的创新活动。根据对工程的广义理解,欧林工学院把"工程"重新定义为一种包含以下三个方面的创新职业(redefine engineering as a profession of innovation):(1)考虑人类和社会的需要;(2)对工程系统的创造性设计;(3)通过商业途径或慈善途径实现价值的创造。"创新"是指在创造和发明的基础上更进一步,使具有价值潜力的原创性思想和原创性洞见影响人类的生活,是技术可行性、经济可行性和社会吸引力等三方面属性的融合,是创造、发明和创业的融合(参看图4-4)。①

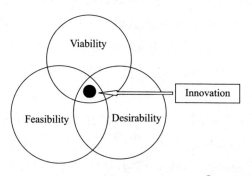

图 4-4　关于创新的 Venn 示意图②

根据对"工程"与"创新"概念的重新定义,欧林工学院确立了广义工程教育(Broader Engineering Education)的教育理想,把人才培养目标和教育的基本理念总结表述为:在广泛的社会背景中(Learn about Engineering in Context)培养工程创新人才(Engineering Innovator)。这一目标和理念具体包括四方面的内涵:将工程与真实世界相联系,包括工程与商业、政治、文化和美学等相互联系;工程师能够有效沟通,理解其工作的工程伦理,考虑工作的社会影响;工程与真实世界的联系必须是有机的联系;在工程的不同领域建立联系。③

由于创新、工程等关键概念分别包括三个方面,所以欧林工学院培养工程创新人才的目标和过程体现为欧林三角(见图4-5)。欧林三角分别包括自由艺术教育、传统的工程教育和创业教育三部分。④

---

①②③④　曾开富,王孙禺."工程创新人才"培养模式的大胆探索——美国欧林工学院的广义工程教育[J].高等工程教育研究,2011(5):20-31.

图 4-5 欧林工学院工程教育的目标和基本理念——欧林三角①

（二）课程教学——新要素与新方式

就教学方式而言,欧林工学院注重以新的课程组成要素和新的教学方式来增加学生在教学环节的参与度,尤其值得关注的课程新要素和新教学方式主要是项目(project)。动手学习(hands-on learning)与开放式项目学习(open-ended project-based learning)分别是欧林工学院的两条主要教育哲学。项目是实现这两个哲学的主要载体,项目学习被称为欧林工学院的 DNA。在欧林工学院,不分教育阶段和课程类型,95 门课程中绝大多数都包括项目(project)或实践(practice)。举例说明,"视听:以图片、音像为交流的手段"是一门项目和动手学习机会极多的初级 AHSE 课程,教学目标是理解视听环境与手段、形成视听交流技能,课程中的项目和动手学习机会包括制作视听文件用于自我介绍或进行工程项目推广等。②

项目的最高形式是 SCOPE 。SCOPE 项目是综合性、实战性、创造性、设计型的工程项目和创业项目,是欧林工学院工程教育的顶峰。SCOPE 由真实的社会企业客户资助,在真实的企业生产场景中完成工程项目,是真刀真枪的实战,而不是模拟场景的工程实习。因此,SCOPE 既是教育机构中的一种课程形式,也是企业的一种综合性、创新型生产实践。SCOPE 的基本要求是:合作企业提供真实、有挑战性的工程问题,并提供资金和其他基本工作条件;欧林工学院提供 SCOPE 团队、导师和其他所需的技术支持,团队由 4~6 名不同专业学生构成;SCOPE 团队围绕该项目工作 2 个学期,每周每个小组至少工作60 小时(即每名学生大四的 1/4 学习时间用于 SCOPE);团队向资助企业定期(一般为每周)汇报项目进展,在项目结束时提交结题报告。项目成果的知识

①② 曾开富,王孙禺. "工程创新人才"培养模式的大胆探索——美国欧林工学院的广义工程教育[J]. 高等工程教育研究,2011(5):20-31.

产权属于资助企业,因此学生必须严格遵守知识产权保护规定对技术保密。2005 年至 2009 年间,总计有波音公司、IBM、MIT 等 34 家机构资助了 SCOPE 项目,其中 11 家机构有多项资助。目前,欧林工学院课程(curriculum)中项目(project)或实践(practice)的总数尚不清楚。就 SCOPE 项目而言,据 2005 年欧林工学院调研和公布的情况,在美国绝大多数开设 SCOPE 项目的本科工程教育中,SCOPE 项目一般为 1 个,持续时间为 1 学期,总共 3 个学分。而欧林工学院每个学生必须完成 2 个 SCOPE 项目,持续时间 2 个学期,总共 8 个学分。[①]

总体看来,无论是研究型大学还是新兴院校,无论是本科层次还是研究生层次,在工程教育活动中都更加突出创新人才的培养目标和新型实践教育的方式。因此,工程教育必须更加深入地推进创新性实践教育。

四、高层次工程人才创新实践教育:以工程博士培养为例

(一) 加强博士层次工程师培养的背景

工科博士生教育历来肩负着培养高层次创新型科技人才的重任。自 20 世纪末以来,随着我国高等教育的快速发展,工科博士规模和质量不断提升,目前已能基本实现立足国内培养高层次人才的目标。2013 年我国共招收工学博士研究生 26 410 人,工程博士研究生 178 人,二者相加占当年博士生招生总数的 37.76%,在所有学科大类中所占比重最高。我国工科博士生在发表高水平论文、申请专利等方面也取得了显著的创新性成果。[②]

然而,当前我国工科博士的培养模式仍面临着诸多新要求和新挑战,其中最重要的是工科博士生培养目标的变化。自我国建立学位制度以来,博士生教育长期致力于研究型人才的培养,特别是高校定位于培养高层次学术研究型人才,承担着为大学培养教师队伍和为科研机构培养研究人才的职能。此外,还有一些科研机构可以开展博士生培养,主要是为了满足行业领域和自身单位的高层次工程技术人才的需求。但是,随着知识经济的迅猛发展,创新型

① 曾开富,王孙禹.“工程创新人才”培养模式的大胆探索——美国欧林工学院的广义工程教育[J].高等工程教育研究,2011(5):20-31.

② 中国学位与研究生教育发展年度报告课题组,全国学位与研究生教育数据中心.中国学位与研究生教育发展年度报告 2014[M].北京:中国人民大学出版社,2015.

国家建设的需要,以及高等教育大众化时代的到来,我国工科博士生传统的培养目标受到了挑战,呈现出多元化的趋势,高层次工程师成为工科博士生的重要培养目标之一。

随着 20 世纪末以来高等教育大众化进程的持续推进,我国博士生规模不断扩大,但另一方面近年来学术劳动力市场已趋于饱和,人才吸纳能力有限,已有越来越多的工科博士生到其他行业领域就业。有研究表明,近年来博士毕业生的就业呈现出多元化的趋势,到高校和科研机构就业的比例呈现下降趋势,而到企业等非学术机构就业的比例逐步上升(图 4-6)。[①] 由于工科博士生在我国博士生培养的学科门类中所占的比例最高,因此上述研究大略可以反映包括工科博士生在内的我国博士生就业的多元化趋势。

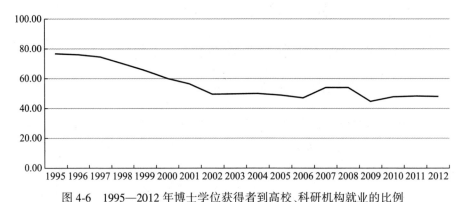

图 4-6　1995—2012 年博士学位获得者到高校、科研机构就业的比例

资料来源:1995—2008 年的数据根据《中国博士发展状况》一书整理;2009—2012 年的数据由教育部学位与研究生教育发展中心提供。(不含专业学位、同等学力博士学位获得者)

(二) 博士层次工程师培养模式中的创新性和实践性

当前,创新型国家建设和《中国制造 2025》规划,都对我国高层次科技人才和工程师的质量以及工科博士生的培养提出了更高的要求,需要进一步加强提升我国工科博士生的创新能力、实践能力和综合素质培养,并将创新性和实践性有机结合。

创新是推动制造业转型升级和国家经济社会发展的根本动力,目前急需

---

① 蔡学军,范巍. 中国博士发展状况[M]. 北京:北京大学出版社,2011.

解决限制我国制造业发展的具有共性的关键难题,打造创新体系,掌握关系国家经济发展和科技进步的核心知识产权。在科学技术创新体系和人才培养体系中,科学创新和原始创新非常重要,是源头的创新,但现实中更多是技术创新,采用的是集成创新和消化吸收再创新的方式。① 因此,我国工科博士生的培养需要进一步加强从原始创新到应用创新的各个环节的要求,特别应该加强对应用和转化创新环节的重视。

同时,实现产业转型升级不仅需要先进的科学知识,还需要将创新性的研究成果进行有效转化,提升技术创新和设计创新等能力,通过产学研之间的紧密合作,将各创新环节更加有效地衔接。因此,我国工科博士生的培养在注重科研成果的理论深度、探索科学前沿研究和独立从事科学研究的能力等要求之外,还应进一步强化对科研成果的应用转化能力和工程实践能力的培养。例如,加强实践环节的训练力度,对博士生采取复合型的评价标准等,从而进一步提升博士生科研成果的实际生产力,促进我国工科博士生培养目标的多样化和就业适应面,满足众多行业企业对高层次科技人才的能力需求。

(三) 联合培养博士层次工程人才的试点改革案例

当前我国的工科博士生培养仍存在一些问题,与所面临的挑战仍不相适应,也与国家对高层次工程人才的需求存在差距。

大量研究和调查显示,我国工科博士生的创新能力不足,实践能力的培养仍有待加强。② 工科博士生理论水平与实践能力的培养结合不够,工科博士生培养资源在行政体制上的分割加剧了这一问题。高校一直是我国工科博士培养的主要力量,由于历史和体制原因,以工程院所为代表的各类科研机构也担负了少量工科博士生的培养任务。

高校的工科博士生的培养偏重于基础研究。高校有理论水平较高的导师队伍、完善的课程体系、丰富的教育资源和良好的学术氛围,因此博士生的理论基础和研究方法较为扎实全面,博士论文具有理论深度,博士生发表论文的水平较高,但高校自身不具备应用研究和生产实践的相关资源,博士生的科研与生产应用结合得不够紧密,科研成果转化力不足,博士生的工程实践能力存

---

① 朱高峰. 创新人才与工程教育改革[J]. 高等工程教育研究. 2007(6).
② 马德秀. 研究生教育战略转型期的挑战与思考[J]. 中国高等教育. 2011(8):4-6.

在欠缺。工程院所的博士生偏重于应用研究和生产开发。工程院拥有数量众多的国家重大科研项目、实践经验丰富的导师队伍和先进的大型设备条件,因此,博士生具有较强的应用研究和工程实践能力,博士生的科研工作与生产和应用转化联系紧密,但是在理论基础和研究方法上较为薄弱,博士论文虽具有实践意义但理论深度明显不足,博士生对科研前沿和理论问题的把握能力存在欠缺。

高校和工程院所的工科博士生培养资源都存在相应的不足,培养模式都部分存在着理论与实践相脱节的问题,并且二者在培养资源上呈现出鲜明的互补特征,急需进行深度合作以改进当前我国工科博士生培养模式存在的不足并促进知识生产的协同创新。

1."联合培养"

为应对上述挑战,2010 年教育部与中国工程院共同推动了高校与工程院所联合培养博士生的改革试点(以下简称联合培养),以期提升高层次创新性工程科技人才培养质量,并通过联合培养进一步推动科教结合和协同创新。2010 年第一批共招收联合培养博士生 88 人,此后规模逐年增长,合作范围不断扩大,2014 年共安排招生计划 674 人,参与其中的高校和工程院所分别达到40 家和 45 家。此外,大部分参与单位也已经初步建立起科研合作和联合培养博士生的配套规章制度,取得了不少联合培养的经验,成效正在逐步显现。[①]

联合培养在政策初衷、培养理念等方面都符合基于创新性实践教育理念的高层次工程师培养模式,因此,下面将选取两个高校和工程院所联合培养的典型案例,即北京大学地空学院和中国石油勘探开发研究院、清华大学材料学院和钢铁研究总院的联合培养博士生案例。这两个案例均为 2010 年首批加入联合培养试点的项目,通过对参与这两个试点项目的工科博士生、导师和管理人员进行深度访谈[②],分析博士层次基于创新性实践教育理念的工程师培养模式特色、运行机制、改革试点存在的问题与建议。

---

① 北京航空航天大学首都高等教育发展研究基地. 高校与科研院所联合培养研究生典型案例汇编(2012)[M]. 北京:北京大学出版社,2014.

② 访谈人员名单:T-X1,北京大学博士生导师;T-X2,清华大学博士生导师;T-S1,钢铁研究总院博士生导师;S1,北京大学与石油勘探开发研究院联合培养博士生;S2,清华大学与钢铁研究总院联合培养博士生。

2. 培养模式

在这两个典型案例中,联合培养模式呈现出较多的共性,表现在以下几个方面:

1) 培养目标和就业去向

在这两个联合培养项目中,受访的博士生导师们都认为,联合培养这种培养模式进一步促进了工科博士生培养目标的多元化,特别值得注意的是,它开辟了一条向国家重点行业、企业和研究单位输送高层次人才的新渠道,为博士生到行业企业就业增加了便捷的机会,人才培养更加贴近国家和行业的实际需求,这也是很多单位和导师参加联合培养项目的初衷和主要期待。

从联合培养博士生的就业来看,在这两个案例中,受访的高校导师都认为,联合培养毕业生在工程院所留院就业的考察中显示出了较强的竞争力和较高的综合素质,相应的工程院所导师也对联合培养的生源质量和人才素质也比较认可。

> 和石油勘探开发研究院联合培养的这一批学生,也是希望他们将来能在石油行业做一些基础研究工作,能够在前沿研究上发挥作用。(T-X1)

> 近几年在就业上,我们的老师还是很注意引导学生去研究院所和国家重点企业工作的,博士生也很关心国家对钢铁行业人才的需求。第一个联合培养的毕业生,我们曾经送到国外培养了一年半,毕业后就留在H研究总院了,钢铁研究总院也觉得学生的综合素质和能力都很好。第二个毕业的联合培养博士生去首钢工作了,进首钢是很难的,但是这位同学的科研项目很受认可。(T-X2)

工程院所的导师认为,通过联合培养,可以吸收更加优秀的生源并进行人才储备,并且博士生在高校受到严谨规范的科学研究思维和方法的训练,理论基础扎实,今后能够通过自身在基础研究和前沿研究上的探索工作,促进工程院所和相关行业企业未来的长远发展动力。

2) 课程体系

由于工程院所不以人才培养为主要使命,因此课程资源比较薄弱,因此,联合培养博士生的课程体系主要依托高校进行构建。工程院所导师希望通过联合培养这个途径,借助高校丰富的课程资源,使博士生接受系统规范的课程训练。此外,高校还具有严谨的学风和良好的学习氛围,因此工程院所的导师希望博士生在高校经过系统的课程学习,打好相关学科的知识基础,提升理论水平,锻炼把握科学问题的能力,熟练掌握相关的研究方法,并充分感受高校良好学习氛围的熏陶,提升综合素质。

> 清华大学对基础课的要求也比较规范,当然不是说我们不规范,我们也有学分要求,但大学里面更加规范,因为它有一种氛围。有时候回想起来上大学最重要的不是学知识,而是感受一种文化和氛围,这对博士生的培养也很关键。(T-S1)

从对博士生的访谈来看,博士生大部分课程在高校选修,必须满足高校的学分要求,但通过双方学分互认,博士生也可以在工程院所选修或旁听部分课程。工程院所虽然自身不具备完善的课程体系,但导师具有丰富的工程实践和技术创新经验,工程院所导师开设的一些技术课程与高校以构建学科理论基础,探究科学前沿为主要目的的众多科学课程相结合,为丰富博士生的知识基础提供了更多选择,初步构建起复合型的课程体系。还有的高校开设了专门针对联合培养博士生的课程,提高了课程的针对性。

> 两边都上课,并且两边课各有特色。北京大学以地质类课程为主,虽然跟我现在做的研究内容关系不太大,但是作为一个从北京大学跨专业过来的学生,地质又是开发的基础,必须得好好学。石油勘探开发研究院也有很好的开发类课程,大多是请在油田上有丰富开发工作经验的老师主讲,课程内容侧重实际操作和技能培训,能够给学生带来一些思想上的启发。

> 也有从一些J研究院考来的联合培养博士生认为,第一年在北京大学上课的时候,感觉视野被打开了,受益很多。因为石油勘探开发研究院的课程非常专,范围比较窄,都是与石油勘探开发和生产直接相关的,通过在北京大学系统地上课,对建立知识基础是非常有用的。(S1)

3) 导师指导

联合培养项目采取的都是"导师组集体指导,主管导师负责"的指导方式,博士生在高校和工程院所各有一位导师,分别作为博士生的第一导师和第二导师。对博士生的培养过程负主要责任的是第一导师,第二导师则协助其开展联合培养博士生的指导。虽然两位导师有正副之分,但共同对博士生的培养全过程进行管理,对博士生的科研工作进行指导。

受访的导师和博士生都认为,高校导师有较高的理论水平和掌握研究方法的能力,在基础研究和追踪国际前沿上有较强的实力,在指导博士生的科研工作和论文选题时,可以帮助把握博士论文的理论深度、前沿性、创新性和规范性,帮助博士生建立更加系统的理论基础和知识体系,提高其探索科学前沿问题的能力和学术论文写作能力。工程院所的导师参与过大量国家重大科研和工程项目,有丰富的应用研究和工程实践经验,可以帮助博士生更加深刻地理解理论和实践的关系,为提高博士生的工程实践能力提供指导,使博士论文选题和博士生的科研工作能够紧密结合国家、行业和社会的重大需求。特别是大多数合作导师在研究方向上既存在相关性,也有一定的差异,形成了互补的关系,有利于博士生吸收跨学科知识,开展跨学科领域的研究。

> 这个学生有时间就跑来跑去,不断地去和不同的老师交流,这种交叉方向的培养,对学生未来的学术发展非常有益,对老师来讲也是了解相关学术发展的一个很好的机会。(T-X1)

> 钢铁研究总院各个研究所的所长作为对方的负责人管理着这个和清华大学的联合培养项目,他们分别是做结构材料、高温耐热钢、国家军用超级钢材料研究的,有非常强的实际应用背景,都是各个方向最主要的权威。但清华大学的强项在于理论研究,我们培养出来的学生有比较扎实的理论基础,金属材料的基础还是材料科学,是材料科学的基础理论在指导应用,当然应用也很难,理论和应用就像左手和右手的关系,都很重要。我们尊重他们偏应用的研究背景,那边的老师有很明确的国家课题和重要的指示,我们注重从理论的角度提高同学们的理论水平,双方的老师共同指导,相辅相成。(T-X2)

> 两个老师之间在研究方向上互补性也比较强,他做微观,在微观结构分析上很有优势,我做材料,主要集中在钢铁材料上,再加上双方有973课题的合作,学生相应收获也会比较大,能从两个老师获得不同的知识。(T-S1)

4) 科研训练

工科博士生的培养与科研紧密结合,融为一体,科研项目在工科博士生的培养中具有重要作用。因此,比起课程共建、导师共同指导、资源综合利用等层面的合作,高校和工程院所共同构建基础研究与应用研究相结合的博士生科研训练体系,合作层次更深,对博士生联合培养效果的影响更大。

这两个联合培养案例都综合利用了高校和工程院所的科研优势,使博士生有条件在高校和工程院所接受到两种不同类型的科研训练,形成基础研究与应用研究相结合的科研训练模式,这样可以克服高校和工程院所各自在博士生科研训练的不足,实现优势互补。

在清华大学和钢铁研究总院联合培养的案例中,双方共同协商确定博士生的科研训练地点和方式,博士生低年级时在清华大学接受系统的课程和基础研究训练,高年级时大部分时间在钢铁研究总院依托国家重大应用研究项目进行科研训练,每周定时回到清华大学参加课题组的组会讨论交流。

> 我鼓励同学们每周抽出三天或者四天的时间到钢铁研究总院,多接触一下不同的环境对同学们的发展有好处,可以晚上或周末回来,这边的组会是一定要参加的,每周在组会上同学们会汇报自己的科研进展,我们老师有针对性地进行相应的指导。第二年博士生的课程基本就结束了,开始进入科研阶段,研究院的科研环境有它的长处,清华大学的科研环境也有自己的优势,我们鼓励同学来回跑,两边都深度参与,幸好离得也不远。(T-X2)

高校导师认为通过让学生参与到工程院所的科研训练之中,加强了博士生的科研工作与工程实践、生产转化的联系,提升了博士生的动手操作能力和应用研究能力,促进了博士生的理论水平和工程实践能力的全面发展,并且毕业生表现突出,能力优秀,很受欢迎。编号为 T-X2 的高校导师将这种人才培养的效果比喻为"顶天立地"。

> 我觉得这是一个好的突破,学生的科研能够针对国家急需,因为科研一定要和生产和应用密切联系。但是作为博士生要有足够强大的理论水平,并且理论水平有踏实的实践基础。用一句通俗的话来说:可以摸得到天、踩得到地,这样人才培养的水平是很不错的。我个人很看好联合培养这种模式。(T-X2)

受访博士生也认为这种联合培养模式有利于培养理论水平和实践能力更加全面的复合型工科博士生,对博士生全面能力、素质和个性的养成,以及未来的职业生涯发展都十分有益。

> 我觉得视野要更加宽阔,因为联合培养博士生具备了两个导师的思想传承,各取其长处和精华。(S1)

> 我觉得参加联合培养之后视野拓宽了。我本科在北京科技大学,现在在清华大学上过课,感觉两个学校的风格是不一样的,这些经历都是开阔眼界的方式。(S2)

3. 经验、问题与建议

总的来看,在这两个联合培养案例中,导师和博士生群体对联合培养的效果都进行了较高的评价,认为试点项目的人才培养和科研交流的合作效果都较好。通过比较,可以归纳出联合培养项目中具有一定共性的经验和存在的问题,为不断改进这种培养模式提供借鉴。

第一,单位和导师群体对联合培养的理解支持和高度重视。在对这两个联合培养项目的导师进行访谈的过程中,我们能够感受到不论是单位、导师群体还是学科和团队的负责人,都对联合培养博士生的意义和重要性有着较为清晰的认识和重视,能够从协同创新、人才输送、国家需要和行业发展的高度来理解这一改革试点项目,而并非仅仅从增加博士生招生名额的现实利益出发参与其中。正是由于有着正确的思想认识,在这两个试点项目中,导师和团队负责人能够突破自身和所在单位的利益视角,在遇到困难和问题时,能够更积极主动地承担责任、积极地解决问题,共同推动联合培养项目的制度建设和良性发展。

第二,双方导师和团队之间适度的学科差异。在本课题对大量联合培养项目的访谈中发现,联合培养双方导师和团队之间的学科差异要适度,差异太大,隔行如隔山,难以实现共同指导,差异太小,则体现不出联合培养的意义。而在这两个联合培养案例中,双方导师团队之间有着相对一致的学科背景和同门师承关系,有着较好的沟通合作基础,但具体的研究方向和兴趣有着一定的差异,可以实现学术指导上的互补。此外,这种校友关系,也使得双方导师和团队之间十分熟悉,交流起来较为便利。

> 我们都是师兄弟关系,不光关系密切,而且专业背景和学术背景都很接近。只不过在相同背景的基础上,我们在理论上,他们在应用上继续发展,但是根基都在一起,所以合作也比较容易深入。(T-X2)

第三,合作贯穿培养博士生的过程,特别注重在博士生科研训练上的合作。

在调研过程中,课题组也发现在某些其他联合培养项目中存在着"表面上的联合培养"现象,除了上课之外,联合培养学生体现不出与其他博士生的差别。在这种情况下,联合培养的效果可想而知。

通过深入分析可以发现,在这两个案例中,双方导师和单位实现了贯穿博士生培养过程中的合作,从联合招生,共同制定培养方案,到共同参与博士生选题和论文指导,在各主要培养环节中,都有双方导师的合作和协商,特别是在这两个案例中,在导师的支持下,博士生深度参与到双方导师的科研项目之中,导师在博士生的科研训练中进行合作,将高校和工程院所博士生培养的优势切实结合在了一切,相对较好地实现了"实质上的联合培养"。

4. 存在问题

虽然受访的导师和博士生群体都对试点项目中联合培养模式取得的效果做出了积极的评价,但不可否认,作为一项改革项目和新生事物,目前联合培养在运行过程中仍存着不少问题,影响了效果的充分发挥。

第一,相关制度仍不完善。

联合培养的相关制度还不完善是导师眼中目前联合培养工作存在的一个主要问题。制度不完善使培养成本过高,影响导师参与积极性,也关系到合作培养的效果和博士生的切身利益。

高校导师认为,目前联合培养工作中存在着诸如教育主管部门管理程序不畅,招生指标下达过晚,影响了选拔优秀生源;双重学籍难以实现等宏观管理问题。此外,当前普遍存在合作双方责任分担机制不明确的问题,对类似学生住宿后勤保障和培养经费如何分担等都没有明确的责任分工制度规定,只能靠双方协商解决,在协商过程中常会出现责任不对等的问题,大多是高校承担了主要责任。

> 像学生住宿这类问题,我们自己承担了更多的义务,研究院没有对等地去承担,因为目前没有明确的规定和制度保证,这是有缺陷的。(T-X1)

第二,社会认可度较低。

导师们认为,联合培养作为一项新生事物,社会公众和用人单位接受起来都需要一个过程,再加上联合培养博士生的招生数量与全国工科博士生总量相比规模很小,宣传力度也不足,在广大用人单位中影响力较低。因此,部分受访导师反映,博士生群体对联合培养存在很多顾虑,特别是担心由于社会对联合培养的认可度低,用人单位不了解联合培养项目的情况从而可能会产生误解,影响学生顺利就业。学生的顾虑也会影响到联合培养未来对优质生源的吸引力。

第三,科研合作与联合培养的结合仍有待推进。

部分博士生认为联合培养中存在的最大困难在于缺少合作项目作为联合培养的依托平台。如果导师之间没有合作项目,博士生只能在一方从事科研工作,通常是在第一导师的指导下开展研究,在这种情况下,第二导师的作用就无法充分发挥,联合培养的效果很难落到实处。

五、卓越计划中的创新实践教育:以部分"卓越工程师计划"院校为例

(一)实施校企3+1两阶段培养模式,提供创新实践能力培养环境

卓越工程师教育培养计划自2010年实施以来,参与院校在人才培养模式创新方面进行了积极探索。其中,最引人关注的是探索校企联合培养人才的新机制。卓越计划鼓励高校普遍将四年培养阶段分为三年校内培养阶段和一年左右的企业培养阶段,这在以往的工程人才培养中是不多见的。

卓越计划参与专业的人才培养模式突出了创新能力培养和实践动手能力培养。具体体现在校内学习和企业学校两个方面。

在校内学习阶段,部分院校和专业比以往更加强调工程实践能力、工程设计能力与工程创新能力培养,并以此为目标,重构课程体系和教学内容,加强跨专业、跨学科的复合型人才培养,着力推动基于问题的学习、基于项目的学习、基于案例的学习等多种研究性学习方法,加强学生创新能力训练。聘请企业的专家参与专业人才培养方案和教学大纲的制定。部分院校聘请企业的专家和高级工程师到学校担任兼职教师,讲授课程和指导学生毕业设计,激发了学生的学习兴趣。例如,北京邮电大学—电信科学技术研究院工程实践教育中心开发的"集成产品开发(IPD)管理"课程,由电信科学技术研究院杨毅刚副总裁开设,这是国内第一门关于高科技产品开发管理模式的课程,该模式在

国际上被广泛接受，近十年才引入我国，已在我国的大型高新技术企业的产品开发中发挥了巨大的作用。通过该课程的学习，可以让学生深刻理解 IPD 模式的优点，加强对企业产品开发管理流程的认知，使其具备先进的产品开发管理知识，适应高新技术企业需求。

在企业学习阶段，学生主要是学习企业的先进技术和企业文化，深入开展工程实践活动，结合生产实际做毕业设计，参与企业技术创新和工程开发，培养职业精神和职业道德。企业阶段的学习累计要达到一年，具体包括学生生产实习、课程设计、毕业实习等环节，这样使实习和实践不再是走马观花，学生能融入现场，融入工程。特别是在毕业设计时，学生通过结合企业的生产实际问题，真刀真枪做设计，在学校导师和企业导师的共同指导下，甚至能帮企业解决一些实际问题。例如，中国石油大学（华东）结合勘查技术与工程专业的学科优势和胜利油田在石油物探行业的丰富经验，针对性地提出建设以全真数据处理为主导的真刀真枪的学生实训平台，主要针对"卓越班"设置地震资料采集、处理和解释三大模块；以化工工艺设计为主线，整体构建了理论知识、实践模拟和工程实践互相穿插、并行推进的一体化多层次工程实训平台；与中原油田紧密对接，以油田开发工艺训练为主体将实训平台划分为油藏工程、钻完井工程、采油工程、地面工程四个模块。再如，重庆大学的机械工程专业与长安股份有限公司联合，组建"长安班"，实施本科"3+1"培养模式。结合专业特点，企业培养形式包括：开设企业课程、顶岗实习、拆装实作、软件学习、岗位实习等多种方式。

（二）加强双师型教师队伍建设，强化教师创新实践教育能力

很多学校积极推动"双师型"教师队伍建设。例如，同济大学增设了教学型职称系列和工程型职称系列。大连理工大学明确提出了工科教师至少半年不间断的工程实践要求。上海工程技术大学预留 10%～15% 的柔性编制聘任企业高工、高管、技术骨干及海外双师型教师担任兼职教师，承担试点专业的教学工作。河海大学由校企联合组建教学团队，共同承担教学任务。北京交通大学专门制定了《鼓励青年教师挂职锻炼暂行办法》，将教师下现场的经历与岗位晋职晋升挂钩。北京石油化工大学与合作企业制定了聘请企业兼职教师职责及考核办法。成都信息工程学院从人才培养的需要出发，在企业和学校范围内整合教师资源，组建跨校企的工程教育教学团队。

　　吉林大学围绕"双师型"教学团队建设目标,一方面鼓励和支持学校教师参加工程项目及产学研合作项目、赴企业挂职锻炼和学习进修,增加在企业的工程经历;另一方面积极聘请企业高级工程人员来校兼职任教,提升青年教师的工程实践能力。他们先后聘请第一汽车集团、大庆钻探公司等企业教师44人,累计派遣青年骨干教师赴企业挂职培训160余人次。

　　南京理工大学进一步完善人才引进机制,积极引进具有工程实践经历的教师,主动引进具有企业的技术骨干,完善教师在企业培训和挂职锻炼的制度,鼓励教师承担企业实际课题;企业方面积极推荐业务技术骨干和相关研究部门骨干,申请学校卓越计划企业兼职教师资格。通过考核与资格认定后,这些企业兼职教师就可以承担相应卓越计划专业的教学工作。

（三）面向创新实践人才培养,重构课程体系

　　上海交通大学建立强化工程意识和培养创新能力的"能力建设+知识探究+人格养成"三位一体人才培养目标导向的课程体系。在相关课程的开设和教学环节中,注重学生学习能力、工程创新能力与创造能力、交流沟通能力、管理能力的培养;尤其重视学生分析推理能力培养和综合集成能力培养的有机结合,科学教育和工程教育的有机结合,实现知识灌输向能力与素质导向的人才培养根本性转变。

　　江南大学的课程设置分为通识教育课程、工程基础教育课程、工程专业教育课程和工程实践与设计技能训练环节四大模块。

　　东南大学课程体系的整合突出"研究型、卓越化、国际化"的目标,力求最大限度地发挥课程的功能和价值。课程结构中,研讨型课程、概论课程、项目型课程、设计型课程的比例明显增加;实践类课程类型更加丰富,包括认知实践、生产实习、顶岗工作、课程设计、项目设计和毕业设计等多种形式。

　　四川大学充分利用综合性大学的优势,打破学科壁垒,实现多学科交叉融合。通过设置跨学科的交叉课程群,组建跨学科的交叉团队等方式拓宽工科学生的知识面和视野,培养与加强能应用相关工程科学基础知识,分析、解决相关工程问题的专业素养和工程意识。

　　西安电子科技大学在课程体系重构中加大实践教学比重,突出加强基础、拓展素质、提升能力的培养理念;对在校内实施的课程进行有机整合,在保证基础理论不减少的基础上,适当压缩课内学时,为在企业实施的课程与实践环

节腾出空间;重点对专业基础课程进行整合,整合后的专业基础课程由 22 门减少为 12 门,使这类课程的总学时数由 910 学时减为 812 学时。

(四)结合办学特色,创新多样化的创新实践教育模式

上海大学的"卓越计划"旨在培养造就创新能力强、适应经济社会发展需要的高质量各类型工程技术人才。提出本硕博一体化的人才培养模式。该校卓越计划实施的指导思想是以提高实践能力为重点,加强实践(尤其是工程实践环节),力求针对性和系统性的结合,理论教学和实践环节相互协同。通过建设工程实践基地与提升现有学校实验室资源相结合的手段,开设出真正能够验证教学内容、启发学生探究实际问题的实验、实践课程,加强学生基础方法应用能力的培养。深化企业合作、建立联合培养基地,为学生创造更多到工程一线学习、实习的机会,满足"卓越试点专业班"的"3+1"教学要求。

华东理工大学的"卓越计划"试点班的学生按照"志向驱动、择优遴选"的原则进行公开选拔,目前进入"卓越工程师计划试点班"的学生人数为 2010 级111 名、2011 级 189 名。学生选拔在一年级结束后进行,在二年级组成试点班,并执行各专业的"卓越计划"培养方案,四年级半年进行工程实践,半年进行毕业设计和论文,即按照"1+2+0.5+0.5"的模式进行培养。

北京化工大学以"大化工"行业的需求为导向,以工程技术与工程实践为核心,以国际和国内"工程教育专业认证标准"为基本依据,以"素质为先导,理论为基础,实践为根本"工程教育理念为指导,构建课程学习、科研体验、工程实践三者融合的"三螺旋递进"一体化工程人才培养体系,以培养掌握"大化工"相关工程学科知识、能够胜任工程设计和研发的卓越工程师人才。

成都理工大学通过政府主导、学校推动、产研部门支持、学会联络的多方协同方式,重构以校内实践教学为基础平台、校外实习基地为基干平台、产研单位实训基地为实践平台、地质技能竞赛为检验平台,多平台支撑地学本科人才地质知会、地质实践、地质创新多层次实践能力培养的地学本科人才实践能力培养新体系。建立校级工程训练与创新中心,搭建面向工程创新能力培养的实践教学平台;通过综合性、开放性、工程型的课程设计改革,加强系统化工程训练;改革毕业设计模式,强调面向工程实践,提高学生工程能力;建立毕业论文(设计)"实物工作量审查制度"。

汕头大学提出 EIP-CDIO 人才培养模式,即多环节统一培养,在本科生阶

段设立学业导师制,一级项目设立指导教师,毕业设计设立指导教师。这些环节的目的都是培养学生的四大能力,有条件和可能将这些环节统一起来培养。二是四固定连续性培养。在多环节培养的条件下,从大学入学到毕业,在一般情况下,固定指导教师+固定学生+固定实践企业+固定项目方向。高低年级的学生组合+指导教师一直保持延续性。三是软硬件平台统一配置。围绕全面完成卓越工程师教育培养计划对理论教学、实践培养等环节所需要的学校指导教师队伍、企业指导教师队伍等的人才队伍建设,结合校内实践平台和校外实践平台的建设,统筹考虑。

六、小结

（一）工程教育要与工程师制度衔接的关键,是学生最终获得的能力能与产业发展和行业发展对工程师的需求相适应。创新与实践能力培养已经成为当前工程人才培养模式中的关键问题,不同院校结合自身特色进行了探索。创新实践理念下的培养模式的关键是结合院校人才培养优势和服务面向,形成多样化培养模式。

（二）产学合作是创新实践人才培养模式能否成功的重要保障。无论是研究型大学还是地方院校,都能够在创新实践教育上成为高水平大学。研究型大学在校内要将科研优势转化为人才培养优势,地方院校特别是行业院校的地方和行业资源是创新实践教育的重要条件。通过积极推动校内创新实践教育资源的整合,可以为学生提供多样化的学习环境支持。

（三）创新实践教育理念下的人才培养模式的关键是教师队伍建设与课程体系建设。通过双师型教师队伍建设,有效加强工程教师的实践背景,教师评聘考核制度的导向是决定性因素。

（四）创新实践人才培养的检验标准是学生最终学习成效,创新实践能力课程教学、实践教学、校内学习、校外学习、创新创业活动综合作用的结果。因此,培养理念、课程体系、教学环节、资源投入、学业评价都需要进行反思和改革,改革需要统筹考虑。

第五章　存在问题与政策建议

目前,我国院校教育主要按照学位标准进行人才培养,并适当参照工程实践要求,使其达到本专业学位所要求具备的水平,并基本满足工程实践要求。院校教育毕业生经过工程师职业资格认证规定期限的工程实践后,满足了工程师职业资格认证要求。通过工程师职业资格认证考试并注册登记后,获得工程师职业资格证书。总体上看,我国工程教育专业认证与工程师注册制度基本上是相互分离的两套系统,还未能得到有效的衔接。院校教育与工程师资格管理的关系图如图 5-1 所示。

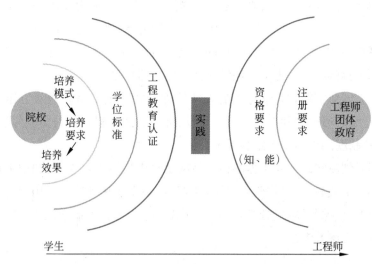

图 5-1　院校教育与工程师资格管理的关系图

虽然在我国一些职业领域中,已经开始探索工程教育专业认证与工程师注册制度的衔接,但在实践中仍然存在着一些较大的体制机制障碍。

（一）我国工程教育认证制度尚不成熟

建立完善的工程教育认证制度,是进行工程教育专业认证与工程师注册制度衔接的基础,而我国工程教育认证工作尚处于探索阶段,还存在很多不足。

首先,尚未建立独立的第三方认证机构开展工程教育认证,不利于认证的中立客观性。我国目前承担认证组织工作的是工程教育认证协会,其前身是成立于2007年6月的隶属于教育部评估机构的高等工程教育专业委员会,开展的认证工作直接对教育部负责,这与国外多数依靠独立或自治的评估机构开展的社会评估存在一定区别。专家委员会在一定程度上与教育部共同承担组织开展认证工作,这与其顾问性质的承担参谋职能职责也不尽相符,在实际工作中存在职责权利不对应的情况,在管理上容易引起混乱。委员虽然是以个人身份参加委员会,但在一定程度上也代表着其所在机构和高校,在工作中难以保证委员们严格认真履行其职能。

其次,高等职业工程教育专业认证还未开展,工程教育专业认证的覆盖面不够广泛。高等职业工程教育主要培养具有专业知识和较强技术背景的职业型工程技术员,是我国工程人才培养的重要组成部分,而目前我国工程教育认证仅局限于工科本科专业。开展高等职业工程教育专业认证也应是我国高等工程教育专业认证的重要组成部分。此外,已开展工程教育认证的16大类专业(地质类专业、测绘工程专业、机械类专业、计算机科学与技术专业、化工与制药类专业、水利类专业、环境工程专业、安全工程专业、电子信息与电气工程类专业、交通运输类专业、采矿工程专业、矿物加工工程专业、食品科学与工程专业、材料类专业、测控技术与仪器专业、土木类专业),尚未完全覆盖我国已建立工程师职业资格制度的工程师领域,有一部分工程师职业还无法与工程教育认证进行衔接。

（二）工程师职业资格管理部门多元分散,不利于衔接工作的推进

我国工程师涉及国民经济多个行业和职业,现有工程师职业资格管理涉及多个、多级政府部门。例如,人事部和建设部负责全国监理工程师职业资格制度的政策制定、组织协调、资格考试和监督管理工作;注册安全工程师的注册、执业活动由国家安全生产监督管理总局(以下称"国家安监总局")对其实

施统一监督管理;注册地质师实行中央和地方人力资源与社会保障主管部门、国土资源主管部门两级管理、共同负责的领导体制。人力资源与社会保障部、国土资源部共同负责注册地质师制度工作,并按职责分工对该制度的实施进行指导、监督和检查;各省、自治区、直辖市人力资源与社会保障主管部门、国土资源主管部门按职责分工,负责本行政区域内注册地质师制度的实施与监督管理。近年来,一些行业学会也开始参与管理。为适应我国工程师制度的改革和政府职能的转移,逐步实现技术资格认证从政府主管部门负责到由中介学术组织承担和从国内认证到国际互认的转变,促进我国专业技术人才成长和学科发展,中国仪器仪表学会正式开展测量控制与仪器仪表工程师资格认证和资格证书颁发。

多元分散的管理格局,在部门间的衔接方面面临以下一些问题:

首先,建立衔接制度,需要工程教育认证机构与各个工程师职业资格管理部门就相关标准、衔接办法等方面进行深入的沟通协商,而我国工程师职业资格管理部门极为多元分散,甚至一种工程师职业资格就受多个多级部门的监督管理,管理部门的复杂多样以及相关利益群体的多元化,无疑为双方的沟通协商以及在衔接相关问题上达成统一意见带来了极大的困难和障碍。

其次,我国工程教育认证领域是按照高校工程教育的专业来划分的,而我国工程师职业资格则是按照相关工程行业职业领域来划分的,两个系统之间并非是一一对应的关系,而是存在复杂的交叉关系。因此,要确定具体某个工程教育认证专业应当与哪个或者哪些工程师职业资格进行衔接,也是衔接工作的难点之一。

最后,在我国已加入《华盛顿协议》的背景下,工程教育认证标准如何在国际化标准与我国工程师职业资格相关标准之间进行权衡取舍,也将是衔接工作面临的难点问题。

(三) 工程专业学位教育与职业资格的重复评价问题

在我国,注册工程师制度属于职业资格体系,职业资格分为准入类和水平评价类两大类。绝大部分工程类职业资格属于准入类职业资格,职业准入也可称为职业许可,是指为了特定的社会目的而对公民从事某种职业或专业技术工作的限制。公民只有通过一定的评价程序获取从业或执业资格,才能从事特定工作。职业准入或职业许可,本质上是国家对社会职业的公共管理行为。

工程类职业资格制度为各级各类学校工程专业培养目标的设定提供了科学依据。发展工程专业学位教育,是社会主义现代化建设的需要。随着我国社会主义市场经济发展和知识经济的来临,各工程领域的从业标准和知识、技术含量日益提高,对于应用型高层次工程人才的需求在量上和质上都提出了迫切的、更高的要求。我国工程专业学位教育发展的实践证明,专业学位教育适合我国国情和教育实际,已成为学位与研究生教育的重要组成部分,是培养应用型高层次专门人才的重要途径。[①] 我国从1991年开始实行专业学位教育制度,经过二十多年的努力和建设,专业学位教育发展迅速,目前已基本形成了以硕士学位为主,博士、硕士、学士三个层次并存的专业学位教育体系,范围覆盖40多个专业学位。

交叉重复评价问题存在于高校的专业学位教育与职业资格之间。专业学位是积极主动适应社会经济发展对高层次人才的需要而产生的,从理论上说,专业学位教育具有职业性和实用性的显著特点,其设置的目的就是以职业为导向来培养学生。对于这些在学校经过三四年,甚至接受更长时间专业教育的莘莘学子来说,他们自身具备的,不仅仅包括专业知识体系的掌握,更重要的是接受了专业中的职业教育,包括职业素养、职业精神、职业实践的积累等,这是作为一个职业人更为本质的,能够提供职业发展驱动力的根本。但是,经过专业学位教育培养的人才在迈入职业的门槛时同样需要和非专业学位人员甚至是社会人员站在同一起跑线上进行竞争,需要参加国家、省市或行业协会组织的统一考试,这显然存在重复评价的问题。

目前,我国实行的专业学位与职业资格认证实行对接有三种实现的方式[②],如职业资格与专业学位互为前提条件,课程及考试科目的互认及豁免,减少工作中的实践时间等,但大部分专业学位教育与职业资格对接情况都不甚理想。

随着专业学位教育在全国的推进,要真正实现专业学位培养的理念,同时减少专业学位教育和职业资格认证的重复评价,实行专业学位教育与职业资格认证接轨应该是一条切实有效的途径。专业学位教育既然是为社会行业发

---

① 《关于加强和改进专业学位教育工作的若干意见》教育部发,学位[2002]1号

② 李会兰,张柳,孙玉倩.专业学位与职业资格认证对接的比较研究[J].中国煤炭工业医学杂志.2014(1).

展培养高层次的实用人才,就理所应当为其进入行业提供"门票"或其他便利条件。我们建议可以制定相应的指导文件和政策,如:获得专业学位的毕业生,可以自动获得某种相应级别的职业资格证书;或拥有专业学位的持证人在报考相关职业资格证书时,经审核通过后即可免除部分或全部专业课程的考试,等等。只有将专业学位的授予与相应的职业任职资格联系好、对接好,才能引导专业硕士学位培养方式和内容真正向应用型转移,满足国家和社会对专业领域具有职业资格的高层次人才日益增长的需求,实现学历文凭和职业资格两种证书制度的高效对接,减少重复性的培训和考试环节,从而降低人力和相关资源的成本。同时,还有利于用人单位引进高层次专业人才,实现多方的共赢。

综合以上分析,我们尝试提出以下几点政策建议:

第一,要建立一支由来自高教界、工程界、企业界专家组成的相对稳定的专职认证专家队伍。拥有不同专业背景的认证专家队伍,可以保证全面了解专业认证工作,提高认证工作能力和工作质量。要使教育界、工程界、企业界专家共同探讨专业发展,使我国的专业教育与社会需求结合得更加紧密。

第二,进一步完善认证组织体系,体现认证组织的非政府、非营利性质,确保认证机构运行的独立性。需要转变教育行政主管部门实施认证工作的局面,政府的职能定位于认证工作的协调和监督,协助认证体系的组织建设、确保制度的合法性,从而为专业认证的发展提供良好的政策环境。为了保证专业认证机构的相对独立性,认证机构在认证过程中需要保持客观公正的立场,坚持独立开展认证的组织原则,包括制订认证标准、执行程序、受理申请、选派专家,严格现场考查,公正做出结论等等。通过立法保障认证机构的合法权益,使认证机构有合法地位,在认证过程中有法可依,进而保障认证工作的顺利开展。

第三,要高度重视工程教育认证制度与工程师注册制度的有机衔接。这需要工程教育认证机构与各个工程师职业资格管理部门就相关标准、衔接办法等方面进行深入的沟通协商。我国工程师职业资格管理部门极为多元分散,甚至一种工程师职业资格就受多个多级部门的监督管理。管理部门的复杂多样以及相关利益群体的多元化,无疑为双方的沟通协商以及在衔接相关问题上达成统一意见带来了极大的困难和障碍。但我们必须直面上述问题,未雨绸缪,整体摸底,开展顶层设计,为衔接制度的出台做整体规划。

　　此外，我们必须认识到，我国工程教育认证领域是按照高校工程教育的专业来划分的，而我国工程师职业资格是按照相关工程行业职业领域来划分的，这两个系统之间并非是一一对应的关系，而是存在着相当复杂的交叉关系。因此，要确定具体某个工程教育认证专业应当与哪个或者哪些工程师职业资格进行衔接，也是衔接工作的难点之一。为了加强衔接工作的有效性，应该考虑设立既有专业权威也有行政权力的跨部门协调小组，定期召开协调会议，增加相关工作的执行力。

　　总之，在我国已加入《华盛顿协议》的背景下，我们需要进一步加强与 IEA 等国际工程组织的联系，了解国际工程师协议的执行和进展。必须指出的是，如何在国际化标准与我国工程师职业资格相关标准之间进行权衡取舍，将是我们的衔接工作面临的难点问题，更何况我国的工程教育与职业资格之间本就存在着复杂的交叉关系。

　　展望未来，我们仍需要指出，考虑到我国工程教育的发展现状，我们不但应进一步推进本科工程教育认证，也要在其基础上思考和开展工程硕士层面的专业认证和高等职业工程教育专业认证。此外，还应进一步扩大认证领域范围，使认证专业能够完全覆盖我国已建立工程师职业资格制度的工程师职业领域。从而将我国的工程教育全面推上一个新台阶，为建设人才大国做出更大贡献。

附录 1 国际工程联盟 IEA 成员名单 (2016 年)

1. WASHINGTON ACCORD 华盛顿协议

正式成员

- **Korea**-Represented by Accreditation Board for Engineering Education of Korea（ABEEK）（2007）
- **Russia**-Represented by Association for Engineering Education of Russia（AEER）（2012）
- **Malaysia**-Represented by Board of Engineers Malaysia（BEM）（2009）
- **China**-Represented by China Association for Science and Technology（CAST）（2016）
- **South Africa**-Represented by Engineering Council South Africa（ECSA）（1999）
- **New Zealand**-Represented by Engineering New Zealand（EngNZ）（1989）
- **Australia**-Represented by Engineers Australia（EA）（1989）
- **Canada**-Represented by Engineers Canada（EC）（1989）
- **Ireland**-Represented by Engineers Ireland（EI）（1989）
- **Hong Kong China**-Represented by The Hong Kong Institution of Engineers（HKIE）（1995）
- **Chinese Taipei**-Represented by Institute of Engineering Education Taiwan（IEET）（2007）
- **Singapore**-Represented by Institution of Engineers Singapore（IES）（2006）

- **Sri Lanka**-Represented by Institution of Engineers Sri Lanka (IESL) (2014)
- **Japan**-Represented by JABEE (2005)
- **India**-Represented by National Board of Accreditation (NBA) (2014)
- **United States**-Represented by Accreditation Board for Engineering and Technology (ABET) (1989)
- **Turkey**-Represented by Association for Evaluation and Accreditation of Engineering Programs (MÜDEK) (2011)
- **United Kingdom**-Represented by Engineering Council United Kingdom (ECUK) (1989)

临时成员

- **Bangladesh**-Represented by The Institution of Engineers Bangladesh (IEB) Provisional Status Approved in 2016.
- **Mexico**-Represented by Consejo de Acreditación de la Enseñanza de la Ingeniería (CACEI) Provisional Status Approved in 2016.
- **Philippines**-Represented by Philippine Technological Council (PTC) Provisional Status Approved in 2016

2. SYDNEY ACCORD 悉尼协议

正式成员

- **Australia**-Represented by Engineers Australia (EA) (2001)
- **Canada**-Represented by Canadian Council of Technicians and Technologists (CCTT) (2001)
- **Chinese Taipei**-Represented by Institute of Engineering Education Taiwan (IEET) (2014)
- **Hong Kong China**-Represented by The Hong Kong Institution of Engineers (HKIE) (2001)
- **Ireland**-Represented by Engineers Ireland (EI) (2001)
- **Korea**-Represented by Accreditation Board for Engineering Education of Korea (ABEEK) (2013)
- **South Africa**-Represented by Engineering Council South Africa (ECSA) (2001)

- **United Kingdom**-Represented by Engineering Council United Kingdom（ECUK）（2001）
- **United States**-Represented by Accreditation Board for Engineering and Technology（ABET）（2009）
- **New Zealand**-Represented by Engineering New Zealand（EngNZ）（2001）

3. DUBLIN ACCORD 都柏林协议

正式成员

- **Australia**-Represented by Engineers Australia（EA）（2013）
- **Canada**-Represented by Canadian Council of Technicians and Technologists（CCTT）（2002）
- **Ireland**-Represented by Engineers Ireland（EI）（2002）
- **New Zealand**-Represented by Engineering New Zealand（EngNZ）（2013）
- **Korea**-Represented by Accreditation Board for Engineering Education of Korea（ABEEK）（2013）
- **South Africa**-Represented by Engineering Council South Africa（ECSA）（2002）
- **United Kingdom**-Represented by Engineering Council United Kingdom（ECUK）（2002）
- **United States**-Represented by Accreditation Board for Engineering and Technology（ABET）（2013）

4. IPEA 国际专业工程师协议

正式成员

- **Australia**-Represented by Engineers Australia（EA）（1997）
- **Canada**-Represented by Engineers Canada（EC）（1997）
- **Chinese Taipei**-Represented by Chinese Institute of Engineers（CIE）（2009）
- **Ireland**-Represented by Engineers Ireland（EI）（1997）
- **Hong Kong China**-Represented by The Hong Kong Institution of Engineers（HKIE）（1997）

- **India**-Represented by Institution of Engineers India（IEI）（2009）
- **Japan**-Represented by Institution of Professional Engineers Japan（IPEJ）（1999）
- **Korea**-Represented by Korean Professional Engineers Association（KPEA）（2000）
- **Malaysia**-Represented by Institution of Engineers Malaysia（IEM）（1999）
- **New Zealand**-Represented by Engineering New Zealand（EngNZ）（1997）
- **Singapore**-Represented by Institution of Engineers Singapore（IES）（2007）
- **South Africa**-Represented by Engineering Council South Africa（ECSA）（2007）
- **Sri Lanka**-Represented by Institution of Engineers Sri Lanka（IESL）（2007）
- **United Kingdom**-Represented by Engineering Council United Kingdom（ECUK）（1997）
- **United States**-Represented by National Council of Examiners for Engineering and Surveying（NCEES）（1997）

5. APECEA 亚太经合组织工程师协议

正式成员

- **Australia**-Represented by Engineers Australia（EA）（2000）
- **Canada**-Represented by Engineers Canada（EC）（2000）
- **Chinese Taipei**-Represented by Chinese Institute of Engineers（CIE）（2005）
- **Hong Kong China**-Represented by The Hong Kong Institution of Engineers（HKIE）（2000）
- **Indonesia**-Represented by Persatuan Insinyur Indonesia（PII）（2001）
- **Japan**-Represented by Institution of Professional Engineers Japan（IPEJ）（2000）
- **Korea**-Represented by Korean Professional Engineers Association（KPEA）（2000）

- **Malaysia**-Represented by Institution of Engineers Malaysia（IEM）（2000）
- **New Zealand**-Represented by Engineering New Zealand（EngNZ）（2000）
- **Philippines**-Represented by Philippine Technological Council（PTC）（2003）
- **Russia**-Represented by Association for Engineering Education of Russia（AEER）（2010）
- **Singapore**-Represented by Institution of Engineers Singapore（IES）（2005）
- **United States**-Represented by National Council of Examiners for Engineering and Surveying（NCEES）（2001）

6. IETA：国际工程技术员协议

正式成员

- **Canada**-Represented by Canadian Council of Technicians and Technologists（CCTT）（2001）
- **Hong Kong China**-Represented by The Hong Kong Institution of Engineers（HKIE）（2001）
- **Ireland**-Represented by Engineers Ireland（EI）（2001）
- **New Zealand**-Represented by Engineering New Zealand（EngNZ）（2001）
- **South Africa**-Represented by Engineering Council South Africa（ECSA）（2001）
- **United Kingdom**-Represented by Engineering Council United Kingdom（ECUK）（2001）

7. AIET 国际工程技师协议

正式成员

- **Australia**-Represented by Engineers Australia（EA）（2016）
- **Canada**-Represented by Canadian Council of Technicians and Technologists（CCTT）（2016）
- **Ireland**-Represented by Engineers Ireland（EI）（2016）
- **New Zealand**-Represented by Engineering New Zealand（EngNZ）（2016）

- **South Africa**-Represented by <u>Engineering Council South Africa（ECSA）</u>（2016）
- **United Kingdom**-Represented by <u>Engineering Council United Kingdom</u>（ECUK）（2016）

8. IEA：国际工程联盟

Abbreviation Current Name and former name or abbreviation, if applicable[1]

EA　Engineers Australia, Formerly：Institution of Engineers Australia（IEAust）

BAETE　Board of Accreditation for Engineering and Technical Education ［Bangaladesh］

BPERB　Bangladesh Professional Engineers, Registration Board

EC　Engineers Canada. Formerly：Canadian Council for Professional Engineers （CCPE）

CCTT　Canadian Council of Technicians and Technologists

CAST　China Association for Science and Technology

IEET　Institute of Engineering Education Taiwan

CIE　Chinese Institute of Engineers

CFIA　Colegio Federado de Ingenieros y de Arquitectos de Costa Rica

HKIE　Hong Kong Institution of Engineers

NBA　National Board of Accreditation ［India］

IEI　Institution of Engineers India

PII　Institution of Engineers（Indonesia）

EI　Engineers Ireland, Formerly：Institution of Engineers, Ireland（IEI）

JABEE　Japan Accreditation Board for Engineering Education

IPEJ　Institution of Professional Engineers Japan（IPEJ）. *Formerly： Japanese Consulting Engineers Association（JCEA）*

ABEEK　Accreditation Board for Engineering Education of Korea

KPEA　Korean Professional Engineers Association

BEM　Board of Engineers Malaysia

---

[1]　Listed in alphabetical order of country or territory

IEM Institution of Engineers Malaysia

IPENZ Institution of Professional Engineers New Zealand

PEC Pakistan Engineering Council

ICACIT The Institute of Quality and Accreditation of Programmes in Computing, Engineering and Technology Education [Peru]

PTC Philippines Technological Council

AEER Association for Engineering Education of Russia. *Formerly: Russian Association for Engineering Education (RAEE)*

IES Institution of Engineers, Singapore

ECSA Engineering Council of South Africa

IESL Institution of Engineers Sri Lanka

COE Council of Engineers, Thailand

MUDEK Association for Evaluation and Accreditation of Engineering Programs (Turkey)

EngC Engineering Council [United Kingdom]. Formerly abbreviated: EC UK

ABET ABET Inc [USA]. Formerly: Accreditation Board for Education and Technology

NCEES Council of Examiners for Engineering and Surveying [USA]

USCEIP The United States Council for International Engineering Practice[1]

---

[1] USCEIP, consisting of ABET, NCEES and the National Society of Professional Engineers (NSPE) was the former representative of the USA on the EMF and APEC Engineer Agreement.

附录 2 毕业生素质和职业能力
（第 3 版：2013 年）

毕业生素质和职业能力

第 3 版：2013 年 6 月 21 日

摘自国际工程联盟：http://www.ieagreements.org

互认协议

《华盛顿协议》《悉尼协议》《都柏林协议》

《国际职业工程师协议》《国际工程技术员协议》《亚太工程师协议》

1 导言

工程是满足人类进步、经济发展和社会服务供应等需要的重要活动。工程涉及数学和自然科学的专门应用，以及大量工程知识、技术和工艺。工程学追求创造有望在各种不确定环境中发挥最大作用的解决方案。工程活动能带来各种益处，也有可能造成不良后果。因此，实施工程时必须负责且符合道德，有效利用可用资源，具有经济性，保障卫生和安全，具有环保且可持续性，并在整个系统生命周期内始终管理风险。

典型的工程活动一般需要几个角色，包括工程师、工程技术专家和工程技术员，这也是许多司法管辖区内公认的专业注册类别。这些角色的定义基于其独特的能力和其向公众承担的责任水平。角色之间存在一定程度的重叠。各角色的独特能力及其教育基础见本文件第 4~6 节的定义。

　　无论是何种类别的工程专业人员,其发展都是持续的过程,都要经历几个重要的认证阶段。第一阶段是取得"受认可的教育资格",即,毕业阶段。"工程教育"的根本目的是奠定知识基础和特质,使毕业生能够继续学习,进入形成期发展,从而培养独立执业所需的能力。第二阶段,在形成期发展的一段时期之后,即"专业注册"。形成期发展的根本目的,是在教育基础上发展独立执业所需的能力。在此期间,毕业生与工程从业者一起工作,并从担任辅助角色开始不断承担更多的个人和团队职责,直到证明其能力达到了注册所需的水平。注册后,从业者必须保持和提高能力。

　　对工程师和工程技术专家而言,第三个里程碑是取得不同司法管辖区的"国际注册"资质。此外,工程师、技术专家和技术员应该在整个职业生涯期间保持和提高能力。

　　根据多项国际协议,某一签署国的受认可课程的毕业生,可以得到其余签署国的认可。《华盛顿协议》(WA)规定了受认可的工程师发展方向的互认课程。《悉尼协议》(SA)规定了受认可的工程技术专家的互认资格。《都柏林协议》(DA)规定了受认可的工程技术员的互认资格。这些协议基于实质等同的原则,而非内容和结果的确切对应。本文件记录了签署国针对每项协议毕业生素质达成的共识。

　　同样,《国际职业工程师协议》(IPEA)和《国际工程技术员协议》(IETA)制定了相关机制,以保证在一个签署国管辖区内注册的专业人员能够得到另一个签署国的承认。签署国已制定了一致的注册能力要求,本文件中也对此作了记录。虽然目前还没有针对技术人员的能力论坛,但也制定了相关的意见,以确保完整性,并促进未来的发展。

　　下文第2节介绍了第5节所述毕业生素质的背景;第3节介绍了第6节所述职业能力要求的背景;第4节介绍了综合意见;第5节介绍了毕业生素质;第6节介绍了职业能力要求;附录A定义了本文件中所使用的术语;附录B简述了毕业生素质和职业能力要求的起源和发展历史。

2　毕业生素质

2.1　毕业生素质的目的

毕业生素质形成了一套可独立评估的结果,能够在一定程度上证明毕业生取得适当的执业水平的潜力。毕业生素质是期望受认可课程的毕业生所具备的特质的范例。毕业生素质是对预期能力的清晰简明描述,必要时应达到相应课程类型的指标。

毕业生素质旨在协助签署国和临时成员国制定基于成果的认证标准,供其各自的司法管辖区使用。此外,毕业生素质指导机构也在制定自己的认证制度,以寻求获得签署国身份。

毕业生素质的定义是针对工程师、工程技术专家和工程技术员职业路径的教育资格。毕业生素质有助于确定不同类型课程的预期结果之间的特性和共性。

2.2　毕业生素质的限制

各签署国都界定了相关职业路径(工程师、工程技术专家或工程技术员)的标准,并根据该标准进行工程教育课程所的认证。各教育级别的协议都基于"实质等同"原则,即,不要求课程具有相同的结果和内容,但应培养能够进入就业岗位并适合进行培训和经验学习的毕业生,从而能够具备职业能力并进行注册。毕业生素质为机构提供了参照物,用来描述实质等同资格的结果。毕业生素质本身并不构成受认可资格的"国际标准",但是为各机构提供了公认的共同参照标准,用以描述实质等同资格的结果。

无论是学位还是文凭,期末毕业都不意味着某种特定资格,而是代表了资格的完成水平。

2.3　毕业生素质和课程质量

《华盛顿协议》《悉尼协议》和《都柏林协议》都承认:对工程师、工程技术专家和工程技术员而言,"满足从业学术要求的课程实质等同"。毕业生素质是由签署国制定的可评估结果,附带等级描述,能够使人们相信课程的教育目标正在得以实现。课程质量不仅取决于待评估的既定目标和特质,而且还有赖于课程设计、对课程投入的资源、教学和学习过程以及学生的评估,包括确认是否符合毕业生素质。因此,这些协议的基础在于,从毕业生素质和"协议规则和程序"中规定的用于评价课程质量的最佳实践指标两方面,对签署国所认可的课程的实质等同作出判断。

2.4　毕业生素质的范围和组织

毕业生素质包括第5.2节中的12个标题。每个标题都明确了区分特性,从而能够通过范围信息,区分工程师、技术专家和技术人员的独特角色。

针对各项特质,制定了共同的词句来描述工程师、工程技术专家和工程技术员,并为其指定了适用于第4.1节和第5.1节中定义的各教育路径的范围信息。例如,对于**工程科学知识特质**:

共同词句:运用数学、科学、工程原理和工程专业的知识。

工程师范围:按工程师的知识要求,解决复杂的工程问题。

工程技术专家范围:按工程技术专家的知识要求,定义和运用工程程序、流程、系统或方法。

工程技术员范围:按工程技术员的知识要求,进行广泛的实际程序和实践。

例如以下的结果描述:

针对《华盛顿协议》毕业生	针对《悉尼协议》毕业生	针对《都柏林协议》毕业生
独自运用 WK1-WK4 中规定的数学、科学、工程基本原理和工程专业知识,解决复杂的工程问题	独自运用 SK1-SK4 中规定的数学、科学、工程基础知识和工程专业技术,定义和运用工程程序、流程、系统或方法	独自运用 DK1-DK4 中规定的数学、科学、工程基本原理和工程专业知识,进行广泛的实际程序和实践

在几个特质描述中,范围修饰语使用了"复杂的工程问题""广义的工程问题"和"明确的工程问题"的概念。这些简短修辞的定义参见第4.1节。

这些特质具有普遍适用性,能够反映可接受的最低标准,并可进行客观衡量。虽然所有特质都很重要,但每个特质的权重不一定相同。所选特质应长期有效,且仅在经过广泛讨论后才可予以更改。特质可能会依赖本文件之外的信息,例如公认的道德行为原则。

完整的毕业生素质定义参见第5节。

2.5 背景解释

毕业生素质为通用性描述,适用于所有工程学科。在学科背景下对表述进行解释时,个别表述可能会被放大和特别强调,但不得改变其实质内容或忽略个别因素。

2.6 毕业生素质应用的最佳实践

协议课程特质被定义为"知识要求",指明了毕业生必须达到的学习量和特质。该要求的表述并未提及达到要求所需的课程设计。因此,课程提供者可以自由设计具有不同具体结构、学习路径和交付方式的课程。国家认证体系应负责进行具体课程的评价。

3 职业能力要求

3.1 职业能力要求的目的

专业或职业的称职人员应具有在专业或职业范围内执业的必要特质,以达到独立就业或执业的预期标准。每个专业类别的"职业能力要求"记录了必要的胜任素质,专业人士在取得注册期间应全面展现出胜任能力。

职业能力可以使用一组与毕业生素质大体一致的特质来描述,但侧重点不同。例如,在专业层面,必须具备在实际场景中承担责任的能力。与毕业生素质不同,职业能力不仅仅是一组可以单独展示的特质,而是必须对能力进行全面评估。

3.2 职业能力要求的范围和组织

职业能力要求针对三类:注册期间的工程师、工程技术专家和工程技术员①。每项要求包括 13 个要点。与第 2.3 节所述毕业生素质类似,各要点均以差异化的词句和修饰语加以区分。

词句为三类共有,使用范围修饰语来明确不同类别的异同。与毕业生素质类似,范围表述采用第 4.1 节中定义的"复杂的工程问题""广义的工程问题"和"明确的工程问题"等概念。在专业层面,工程活动的分类用于定义范围并区分类别。工程活动分为"复杂的""广义的"或"明确的"。这些简短修辞的定义参见第 4.2 节。

3.3 职业能力要求的限制

与毕业生素质类似,职业能力要求并非详细说明,而是反映了能力标准中

---

① IEPA 和 IETA 国际注册对增强能力和责任的要求。

的基本要素。

职业能力要求没有详细列明绩效指标,或如何解释上述项目在评估不同执业领域或不同类型工作的能力方面的证据。第3.4节主要介绍了语境解释。

每个管辖区都可以定义绩效指标,作为证明候选人能力的一部分。例如,设计能力可以通过以下表现来证明:

1. 识别和分析设计/规划要求,并制定详细的要求规范
2. 综合一系列潜在的问题解决方案或方法,以执行项目
3. 针对要求之外的要求和影响,评估潜在方法
4. 充分开发所选定的设计
5. 制作设计文档以便实施

3.4 语境解释

能力论证可以在不同的执业领域和不同类型的工作中进行。因此,能力表述并未针对某个学科。能力表述适用于不同类型的工作,例如设计、研发和工程管理,可应用于工程活动周期中的各个阶段:问题分析、综合、实施、运营和评估,共同构成所需的管理特质。能力表述包括胜任绩效所需的个人特质(不考虑具体的当地要求):沟通能力、品德操守、判断力、承担责任和保护社会。

职业能力要求为通用性表述,适用于所有工程学科。在不同的监管、学科、职业或环境背景下,能力要求的适用性可能需要详述。在某个特定背景下对表述进行解释时,个别表述可能会被详述和特别强调,但不得改变或忽略实质内容。

3.5 专业类别之间的流通

针对三类工程从业者的毕业生素质和职业能力定义了各类别中的基准路线或垂直发展路径。本文件未涉及个人在类别之间的流动,该过程通常需要额外的教育、培训和经验。毕业生素质和职业能力,通过定义需求等级、知识要求和成果,能够让个人进行类别变动规划,以衡量未来所需要的学习和经验。管辖区的教育和注册要求,应就具体要求进行审查。

4 共同范围和语境定义

4.1 解决问题的范围

所引用的知识要求如下:(WK3. WK4...)

在毕业生素质和职业能力方面

特质	复杂的工程问题具有WP1以及WP2至WP7的部分或全部特征	广义的工程问题具有SP1以及SP2至SP7的部分或全部特征	明确的工程问题具有DP1,以及DP2至DP7的部分或全部特征
所需的知识深度	**WP1**:如果不具备一个或多个WK3. WK4. WK5. WK6或WK8水平的深度工程知识(掌握基于基本原理的第一原理分析方法),则无法解决	**SP1**:如果不具备一个或多个SK4. SK5和SK6(基于强调应用已有技术的SK3)水平的工程知识,则无法解决	**DP1**:如果不具备DK5和DK6(基于DK3和DK4定义的理论知识)所体现的大量实用知识,则无法解决
冲突要求的范围	**WP2**:涉及广泛或互相冲突的技术、工程和其他问题	**SP2**:涉及可能造成冲突限制的各类因素	**DP2**:涉及若干问题,但这些问题基本不会造成冲突限制
所需的分析深度	**WP3**:没有明显的解决方案,需要抽象思维、独创性的分析来建立合适的模型	**SP3**:可以应用久经考验的分析技术来解决	**DP3**:可以用标准化的方式解决
对问题的熟悉度	**WP4**:涉及罕见问题	**SP4**:属于常见问题,可通过普通方法解决	**DP4**:常见,该实践领域的大多数从业者都熟悉
适用规范的范围	**WP5**:专业工程标准和行为守则所涵盖的外部问题	**SP5**:可能部分超出标准或行为守则所涵盖的范围	**DP5**:标准和/或成文的行为守则所涵盖的范围
利益相关者的参与度和冲突要求的范围	**WP6**:涉及拥有各种不同需求的各类利益相关者群体	**SP6**:涉及拥有不同和偶尔互相冲突的需求的若干利益相关者	**DP6**:涉及拥有不同需求的有限范围的利益相关者
互相依赖	**WP7**:包含许多组成部分或子问题的高级别问题	**SP7**:是复杂的工程问题中的一部分或子系统	**DP7**:是工程系统的分散组件

另外,在职业能力方面

影响	EP1:在一系列环境中产生重大影响	TP1:产生对当地很重要,但范围可能会扩大的影响	NP1:产生对当地很重要但不深远的影响
判断	EP2:在决策中需要作出判断	TP2:在决策中需要作出判断	

4.2 工程活动范围

特质	复杂的活动	广义的活动	明确的活动
序言	复杂的活动指具有以下部分或全部特征的(工程)活动或项目:	广义的活动指具有以下部分或全部特征的(工程)活动或项目:	明确的活动指具有以下部分或全部特征的(工程)活动或项目:
资源范围	EA1:涉及各种资源的使用(此处的资源包括人员、资金、设备、材料、信息和技术)	TA1:涉及多种资源(此处的资源包括人员、资金、设备、材料、信息和技术)	NA1:涉及有限的资源范围(此处的资源包括人员、资金、设备、材料、信息和技术)
交互级别	EA2:要求解决广泛或互相冲突的技术、工程或其他问题之间的交互所引起的重大问题,	TA2:要求解决技术、工程和其他问题之间偶尔的交互,其中很少有冲突	NA2:要求解决有限的技术和工程问题之间的交互,不会或很少对更广泛的问题造成影响
创新	EA3:涉及以新颖的方式创造性运用工程原理和研究型知识。	TA3:涉及以非标准方式使用新材料、技术或工艺	NA3:涉及以改良或新方式使用现有的材料技术或工艺
对社会和环境的影响	EA4:在一些情况下产生重大影响,其特点是难以预测和缓解	TA4:产生能够合理预测的影响,对当地很重要,但范围可能会扩大	NA4:产生对当地很重要但不深远的影响
熟悉度	EA5:通过运用基于原理的方法,可以超越以往的经验	TA5:要求了解正常的操作程序和流程	NA5:要求了解广泛应用的操作和流程的实用程序和实践

5 协议课程要求

下表列出了三类高等教育工程课程的毕业生要求。关于复杂的工程问题、广义的工程问题和明确的工程问题的定义,参见第4节。

5.1 知识要求

《华盛顿协议》课程规定	《悉尼协议》课程规定	《都柏林协议》课程规定
WK1:对适用于本学科的自然科学有系统性、理论化的理解	SK1:对适用于本分支学科的自然科学有系统性、理论化的理解	DK1:对适用于本分支学科的自然科学有描述性、公式化的理解

续表

《华盛顿协议》课程规定	《悉尼协议》课程规定	《都柏林协议》课程规定
WK2:概念化数学、数值分析、统计,以及计算机和信息科学的形式方面,以支持适用于本学科的分析和建模	SK2:概念化数学、数值分析、统计,以及计算机和信息科学方面,以支持适用于本分支学科的分析和使用	DK2:适用于分支学科的程序化数学、数值分析、统计
WK3:工程学科所需的工程基本原理的系统化、理论化构想	SK3:公认分支学科所需的工程基本原理的系统化、理论化构想	DK3:公认分支学科所需的工程基本原理的连贯的程序化构想
WK4:工程专家知识,为工程学科中公认的实践领域提供理论框架和知识体系;多为学科前沿	SK4:工程专家知识,为公认的分支学科提供理论框架和知识体系	DK4:工程专家知识,为公认的分支学科提供知识体系
WK5:在某一实践领域内,为工程设计提供支持的知识	SK5:使用某一实践领域的技术,为工程设计提供支持的知识	DK5:根据某一实践领域的技术和程序,为工程设计提供支持的知识
WK6:工程学科实践领域内的工程实践(技术)知识	SK6:适用于分支学科的工程技术知	DK6:公认实践领域内成文的实用工程知识
WK7:理解工程在社会中的角色,以及本学科内已识别的工程实践问题:工程师在公共安全方面的道德和职业责任;工程活动的影响:经济、社会、文化、环境和可持续性	SK7:理解技术在社会中的角色,以及在应用工程技术过程中识别的问题:道德和影响:经济、社会、环境和可持续性	DK7:了解工程技术员实践中的问题和方法:道德、财务、文化、环境和可持续性影响
WK8:对学科研究文献中相应知识的熟悉程度	SK8:对学科技术专家文献的熟悉程度	
根据入学学生的水平,一门课程通常需要 4~5 年的学习,才可以掌握此类知识并培养以下特质	根据入学学生的水平,一门课程通常需要 3~4 年的学习,才可以掌握此类知识并培养以下特质	根据入学学生的水平,一门课程通常需要 2~3 年的学习,才可以掌握此类知识并培养以下特质

5.2 毕业生素质要求

所引用的知识要求如下:(WK1~WK4)

区分特征	针对《华盛顿协议》毕业生	针对《悉尼协议》毕业生	针对《都柏林协议》毕业生
工程知识	WA1:将 WK1 至 WK4 中的数学、自然科学、工程基本原理和工程专业的知识,应用于解决复杂的工程问题	SA1:将 SK1～SK4 中的数学、自然科学、工程基本原理和工程专业的知识,应用于已定义和应用的工程程序、流程、系统或方法	DA1:将 DK1～DK4 中的数学、自然科学、工程基本原理和工程专业的知识,应用于广泛的实用程序和实践
问题分析 分析的复杂性	WA2:运用数学、自然科学和工程科学的第一原理,识别、制定、研究文献,并分析复杂的工程问题,取得确凿结论。(WK1～WK4)	SA2:运用适合的学科或专业领域的分析工具,识别、制定、研究文献,并分析广义的工程问题。(SK1～SK4)	DA2:运用针对其活动领域的成文的分析方法,识别和分析明确的工程问题,取得确凿结论。(DK1～DK4)
解决方案的设计/开发:工程问题的广度和独特性 即,问题的新颖独特性,以及以前已识别或成文的解决方案的范围	WA3:为复杂的工程问题设计解决方案,并设计系统、组件或流程,以满足特定需求,并适当考虑公共卫生和安全、文化、社会和环境因素。(WK5)	SA3:为广义的工程技术问题设计解决方案,并参与设计系统、组件或流程以满足特定需要,并适当考虑公共卫生和安全、文化、社会和环境因素。(SK5)	DA3:为明确的技术问题设计解决方案,协助设计系统、组件或流程,以满足特定需求,并适当考虑公共卫生和安全、文化、社会和环境因素。(DK5)
调查:调查和试验的广度和深度	WA4:应用研究性知识(WK8)和研究方法,对复杂的问题进行调查,包括实验设计、数据分析和解读,并综合信息以提供有效的结论	SA4:对广义的问题进行调查;从规范、数据库和文献中查找、搜索和选择相关数据(SK8),设计并进行实验以提供有效的结论	DA4:对明确的问题进行调查;查找和搜索相关的规范和手册,进行标准测试和测量
现代工具使用:对工具适用性的理解程度	WA5:针对复杂的工程问题,创建、选择和应用适当的技术、资源和现代化工程和 IT 工具(包括预测和建模),并了解其局限性。(WK6)	SA5:针对广义的工程问题,选择并应用适当的技术、资源和现代工程和 IT 工具(包括预测和建模),并了解其局限性。(SK6)	DA5:针对明确的工程问题,应用适当的技术、资源和现代化工程和 IT 工具,并了解其局限性。(DK6)

续表

区分特征	针对《华盛顿协议》毕业生	针对《悉尼协议》毕业生	针对《都柏林协议》毕业生
工程师与社会:知识和责任水平	WA6:应用背景知识的推理来评估社会、卫生、安全、法律和文化问题,以及由此产生的与专业工程实践和解决复杂的工程问题相关的责任。(WK7)	SA6:理解社会、卫生、安全、法律和文化问题,以及由此产生的与工程技术实践和解决广义的工程问题有关的责任。(SK7)	DA6:了解社会、卫生、安全、法律和文化问题,由此产生的与工程技术员实践相关的责任,以及针对明确的工程问题的解决方案。(DK7)
环境和可持续性:解决方案的类型。	WA7:理解和评估在复杂的工程问题解决方案中的专业工程工作在社会和环境方面的可持续性和影响。(WK7)	SA7:理解和评估在广义的工程问题解决方案中的工程技术工作在解决社会和环境方面的可持续性和影响。(SK7)	DA7:理解和评估在明确的工程问题解决方案中的工程技术员工作在社会和环境方面的可持续性和影响。(DK7)
道德:理解和实践水平	WA8:应用职业道德原则,遵守工程实践的职业道德、责任和规范。(WK7)	SA8:理解并遵守工程技术实践的职业道德、责任和规范。(SK7)	DA8:理解并遵守技术员实践的职业道德、责任和规范。(DK7)
个人和团队工作:团队的角色和多样性	WA9:作为个人、不同团队中的成员或领导者,以及在多学科环境下,能够发挥有效作用	SA9:作为个人、不同团队的成员或领导者,能够发挥有效作用	DA9:作为个人、不同技术团队的成员,能够发挥有效作用
沟通:根据所执行活动类型进行的沟通水平	WA10:与工程界和全社会就复杂的工程活动进行有效沟通,例如,能够理解和撰写有效的报告和设计文档,进行有效的演示,并发出和接收明确的指示	SA10:与工程界和全社会就广义的工程活动进行有效沟通,能够理解和撰写有效的报告和设计文档,进行有效的演示,并发出和接收明确的指示	DA10:与工程界和全社会就狭义的工程活动进行有效沟通,能够理解他人的工作,记录自己的工作,并发出和接受明确的指示

续表

区分特征	针对《华盛顿协议》毕业生	针对《悉尼协议》毕业生	针对《都柏林协议》毕业生
项目管理和财务：不同类型的活动所需的管理水平	WA11：展示对工程管理原则和经济决策的知识和理解，并作为团队的成员和领导者将其应用到自己的工作中，并在多学科环境下管理项目	SA11：展示对工程管理原则的知识和理解，并作为团队的成员或领导者将其应用到自己的工作中，并在多学科环境下管理项目	DA11：展示对工程管理原则的知识和理解，并作为技术团队的成员或领导者将其应用到自己的工作中，并在多学科环境下管理项目
终身学习：持续学习的准备和深度	WA12：认识到有必要并有准备和能力在最广泛的技术变革范围内进行独立和终生的学习	SA12：认识到有必要并有能力进行专业技术的独立和终身学习	DA12：认识到有必要并有能力在专门技术知识的范围内进行独立的知识升级

6　职业能力要求

为了达到最低的能力标准，个人必须证明其能够在其执业领域内进行称职执业，以符合合理的专业工程师/工程技术专家/工程技术员的标准。

在评估其是否符合整体标准时，必须考虑到其能够在其执业领域内执行下列各项内容的程度。

区分特征	专业工程师	工程技术专家	工程技术员
理解并应用常识：教育的广度和深度和知识类型	EC1：理解并应用支撑良好实践的广泛施用原理中的先进知识	TC1：理解并应用被广泛接受和施用的程序、过程、系统或方法中所体现的知识	NC1：理解并应用标准化实践中所体现的知识
理解并应用当地知识：当地知识类型	EC2：理解并应用针对其执业所在管辖区的支撑良好实践的通用原理中的先进知识	TC2：理解并应用针对其从业所在管辖区的程序、过程、系统或方法所体现的知识	NC2：理解并应用针对其从业所在管辖区的标准化实践所体现的知识

区分特征	专业工程师	工程技术专家	工程技术员
问题分析： 分析的复杂性	EC3：定义、调查和 分析复杂的问题	TC3：识别、阐明和 分析广义的问题	NC3：识别、表述和 分析明确的问题
解决方案的设计与 开发：问题的本质与 解决方案的独特性	EC4：针对复杂的问 题设计或开发解决 方案	TC4：针对广义的问 题设计或开发解决 方案	NC4：针对明确的问 题设计或开发解决 方案
评估：活动类型	EC5：评估复杂的活 动的结果和影响	TC5：评估广义的活 动的结果和影响	NC5：评估明确的活 动的结果和影响
保护社会：活动类型 和对公众的责任	EC6：识别复杂的活 动通常会造成的可 合理预测的社会、文 化和环境影响，并考 虑到可持续发展的 必要性；视保护社会 为最高优先事项	TC6：识别广义的活 动通常会造成的可 合理预测的社会、文 化和环境影响，并考 虑到可持续发展的 必要性；在所有这些 活动中承担责任避 免让公众处于危险 之中	NC6：识别明确的活 动通常会造成的可 合理预测的社会、文 化和环境影响，并考 虑到可持续发展的 必要性；运用工程技 术专业知识，防止危 害公众
法律法规：本特征没 有区别	EC7：满足所有法律 和法规要求，并在其 活动过程中保护公 共卫生和安全	TC7：满足所有法律 和法规要求，并在其 活动过程中保护公 共卫生和安全	NC7：满足所有法律 和法规要求，并在其 活动过程中保护公 共卫生和安全
道德：本特征没有 区别	EC8：有道德地开展 活动	TC8：有道德地开展 活动	NC8：有道德地开展 活动
管理工程活动：活动 类型	EC9：管理一个或多 个复杂的活动的部 分或全部	TC9：管理一个或多 个广义的活动的部 分或全部	NC9：管理一个或多 个明确的活动的部 分或全部
沟通：本特征没有 区别	EC10：在活动过程 中与他人清晰沟通	TC10：在活动过程 中与他人清晰沟通	NC10：在活动过程 中与他人清晰沟通
终身学习：持续学习 的准备和深度。	EC11：进行持续专 业发展（CPD）活 动，以保持和提高其 能力	TC11：进行持续专 业发展（CPD）活 动，以保持和提高其 能力	NC11：进行持续专 业发展（CPD）活 动，以保持和提高其 能力

续表

区分特征	专业工程师	工程技术专家	工程技术员
判断力:已具备的知识水平,以及与活动类型有关的能力和判断力	EC12:根据竞争要求和不完备知识,识别复杂性并评估替代方案。在其复杂的活动过程中行使良好的判断力	TC12:选择合适的技术来处理广义的问题。在其广义的活动过程中行使良好的判断力。	NC12:选择并应用适当的技术专长。在其明确的活动过程中行使良好的判断力
决策责任:负责的活动类型	EC13:负责对部分或全部复杂的活动进行决策	TC13:负责对一项或多项广义的活动的部分或全部进行决策	NC13:负责对一项或多项明确的活动的部分或全部进行决策

资料来源:国际工程联盟:毕业生素质和职业能力第 3 版;2013 年 6 月(摘自中国工程教育认证协会文件),http://www.ieagreements.org。

参 考 文 献

[1] 国务院学位委员会教育部. 关于加强和改进专业学位教育工作的若干意见[R/OL].
(2002-01-09). http://www.moe.gov.cn/srcsite/A22/s7065/200201/t20020109_162658.html

[2] 北京航空航天大学首都高等教育发展研究基地. 高校与科研院所联合培养研究生典
型案例汇编(2012)[M]. 北京:北京大学出版社,2014.

[3] 蔡学军,范巍. 中国博士发展状况[M]. 北京:北京大学出版社,2011.

[4] 曾开富,王孙禺. "工程创新人才"培养模式的大胆探索——美国欧林工学院的广义
工程教育[J]. 高等工程教育研究,2011.

[5] 陈新艳,张安富.《德国工程师培养模式及借鉴价值》[J],《理论月刊》2008 年 10 期.

[6] 董泽芳. 高校人才培养模式的概念界定与要素解析[J]. 大学教育科学,2012,03:30-36.

[7] 高虹,刘惠琴. 从基于问题的学习看研究型课程教学[J]. 中国高教研究. 2003(11)

[8] 龚怡祖. 略论大学人才培养模式[J]. 高等教育研究,1998(1):43-46.

[9] 顾秉林,王大中,汪劲松,陈皓明,姚期智. 创新性实践教育——基于高水平学科建
设的创新人才培养之路[J]. 清华大学教育研究,2010(1):2.

[10] 顾秉林. 大力培育工程性创新性人才[J]. 清华大学教育研究,2014(4):1-6.

[11] 李会兰,张柳,孙玉倩.专业学位与职业资格认证对接的比较研究[J].中国煤炭工
业医学杂志,2014(1).

[12] 刘智运.改革人才培养模式,培养创新型人才[J].教学研究,2010(6):1-6.

[13] 马德秀. 研究生教育战略转型期的挑战与思考[J]. 中国高等教育,2011(8):4-6.

[14] 人部发[2005]87 号,关于印发《勘察设计注册机械工程师制度暂行规定》《勘察设
计注册机械工程师资格考试实施办法》和《勘察设计注册机械工程师资格考核认定
办法》的通知.

[15] 人发[2002]35 号,关于印发《注册土木工程师岩土执业资格制度暂行规定、注册土
木工程师(岩土)执业资格考试实施办法和注册土木工程师(岩土)执业资格考核认
定办法》的通知.

［16］ 人发［2003］25 号,关于印发《注册电气工程师执业资格制度暂行规定》《注册电气工程师执业资格考试实施办法》和《注册电气工程师执业资格考核认定办法》的通知.

［17］ 人发［2003］26 号,关于印发《注册化工工程师执业资格制度暂行规定》《注册化工工程师执业资格考试实施办法》和《注册化工工程师执业资格考核认定办法》的通知.

［18］ 史静寰. 构建院校主导的国际化实践模式——清华大学国际合作与交流案例分析［J］. 世界教育信息,2011,05:24-27.

［19］ 孙若飞,马璟. 激发学术志趣培养创新人才［J］. 中国大学教学,2014,11:31-34.

［20］ 王孙禺,曾开富. 针对理工教育模式的一场改革——美国欧林工学院的建立背景及理论基础［J］. 高等工程教育研究,2011,04:18-26.

［21］ 魏所康.培养模式论［M］.南京:东南大学出版社,2004:241.

［22］ 英国高等教育资格框架(FHEQ)中各水平的典型资格及其对应的欧洲高等教育资格框架(FQ-EHEA)阶段示例(The framework for higher education qualifications in England, Wales and Northern Ireland)

［23］ 张红霞. 美国大学的新生研讨课及其启示［J］. 中国大学教学,2009,11:93-96.

［24］ 张文雪,刘俊霞,张佐. 新生研讨课的教学理念与实践［J］. 高等工程教育研究, 2005,06:107-109.

［25］ 中国学位与研究生教育发展年度报告课题组,全国学位与研究生教育数据中心. 中国学位与研究生教育发展年度报告 2014［M］. 北京:中国人民大学出版社,2015.

［26］ 朱高峰. 创新人才与工程教育改革［J］. 高等工程教育研究. 2007(6).

［27］ 王玲,雷环.《华盛顿协议》签约成员的工程教育认证特点及其对我国的启示［J］.清华大学教育研究,2008(5):88-92.

［28］ 闵维方.加大投入力度,确保优先发展［J］. 人民日报. 2010-03-10.

［29］ 敬甫.《人民日报》与《南方周末》建构教改公共议题之比较［D］. 中国青年政治学院,2011.

［30］ 马亚. 甘肃省高等院校经济规模研究［D］.兰州交通大学,2011.

［31］ 黄新斌.基于元视角的我国远程教育研究审视［J］.中国远程教育,2012(12):28-32+95. DOI:10. 13541/j. cnki. chinade. 2012. 12. 004.

［32］ 娄平, 张小梅, 江雪梅. 美、德工程师培养模式对我国"卓越工程师"培养的启示［J］. 中国电力教育, 2012, 000(1):57-57.

［33］ 廖娟,李小忠.美国工程师培养模式研究［J］.中国高教研究,2011(2):52-55. DOI: 10. 16298/j. cnki. 1004-3667. 2011. 02. 001.

［34］ 韩晓燕,张彦通.英美注册工程师制度的级别划分研究［J］. 高等工程教育研究, 2008(5):39-42+56.

［35］ 韩晓燕,张彦通.美国注册工程师制度的现状问题及改革方向［J］.科技进步与对策,2007(1):145-149.

[36] 闻娜. 工程师分类培养模式与能力构成结构研究[D]. 河北工业大学,2016.

[37] 王瑞朋,王孙禺,李锋亮.论美国工程教育专业认证制度与工程师注册制度的衔接[J].清华大学教育研究,2015,36(1):34-40. DOI:10. 14138/j. 1001-4519. 2015. 01. 003407.

[38] 郑娟,王孙禺.英国工程教育专业认证与工程师职业资格衔接机制研究[J].中国大学教学,2017(2):88-96.

[39] 孙德林. 电子商务与信息化创业卓越工程师培养模式研究——基于本科教学工程[M]. 北京:科学出版社, 2014.

[40] 王贵成, 蔡锦超, 夏玉颜. 我国高等工程教育的现状、问题及对策研究——基于国际高等工程教育专业认证的视角[J]. 内蒙古师范大学学报(教育科学版), 2010, 23(3):4-7.

[41] 郑娟,王孙禺.英国硕士层次工程教育专业认证制度探讨[J].高等工程教育研究, 2015(1):83-90.

[42] 谷媛媛.高等教育工程专业认证制度的出现及其发展[J].石油教育,2009(6): 55-58.

[43] 张婕.高校特色专业建设:现实与前瞻[J].教育研究,2011,32(5):36-40.

[44] 李正,林凤.欧洲高等工程教育发展现状及改革趋势[J].高等工程教育研究,2009(4): 37-43.

[45] 陈彬.论中国高等教育评估未来发展的五大走向[J].教育研究与实验,2009(2): 45-49.

[46] 孔寒冰,邱秧琼.工程师资历框架与能力标准探索[J].高等工程教育研究,2010(6): 9-19.

[47] 文亮,瓮晶波,何继善.我国今后工程师分类框架设计[J].中国工程科学,2007(8): 15-20.

[48] 中华人民共和国人力资源和社会保障部. 职业资格证书制度暂行办法. [R/OL]. (1995-1-17). http://www. mohrss. gov. cn/SYrlzyhshbzb/zcfg/flfg/gz/201606/t20160614_ 241771. html

[49] 付旭. 注册土木工程师(岩土)执业制度研究[D].昆明理工大学,2009.

[50] 张志英,王启明.专业认证与工程教育体制改革[J].高等工程教育研究,2006(2): 46-48.

[51] 陶建明. 英国、美国、澳大利亚建设管理专业人员执业资格制度比较研究[D].重庆大学,2003.

[52] 周光明.职业资格许可制度研究[J].湖南社会科学,2006(2):59-65.

[53] 黄日强,邓志军.英国推行国家职业资格证书制度的基本经验[J].河南职业技术师范学院学报(职业教育版),2004(4):55-59.

[54] 董秀华. 市场准入与高校专业认证制度研究[D].华东师范大学,2004.

［55］ 李绍林.我国注册监理师制度的实施与适用［J］.当代建设,2001(2):30-31.

［56］ 监理工程师资格考试和注册试行办法［J］.中华人民共和国国务院公报,1992(20): 764-768.

［57］ 中国仪器仪表学会正式开展测量控制与仪器仪表工程师资格认证［J］.中国仪器仪 表,2005(6):108.

［58］ 国家安全监管总局人力资源社会保障部关于印发《注册安全工程师分类管理办法》 的通知［J］.国家安全生产监督管理总局国家煤矿安全监察局公告,2017(12):5-7.

［59］ 李孝振,李亚娟.大力推行注册土木工程师(水利水电工程)执业资格制度［J］.中 国水利,2010(20):4.

［60］ 姚威,邹晓东.欧洲工程教育一体化进程分析及其启示［J］.高等工程教育研究, 2012(3):41-46.

［61］ 徐斌.创新型工程人才本科课程体系的构建研究［D］.天津大学,2010.

［62］ 李青竹,肖睿洋,闵小波.对工程教育专业认证中"毕业要求"的理解——以中南大 学环境工程专业为例［J］.学园,2015(24):21-22.

［63］ 孙志平.以专业认证为导向的材料成型及控制工程专业课程设置——以齐鲁工业 大学为例［J］.亚太教育,2015(17):12-13. DOI:10.16550/j.cnki.2095-9214.2015. 17.005.

［64］ 蒋建平.基于工程教育认证的教师教学能力发展研究［J］.知识文库,2016(6):161.

［65］ 莫甲凤.中国研究型大学人才培养模式:概念模型与基本特征——基于全国15所 "985工程"高校学生的调查分析［J］.中国高教研究,2016(9):69-76. DOI:10. 16298/j.cnki.1004-3667.2016.09.12.

［66］ 顾秉林,王大中,汪劲松,陈皓明,姚期智.创新性实践教育——基于高水平学科建设 的创新人才培养之路［J］.清华大学教育研究,2010,31(1):1-5. DOI:10.14138/j. 1001-4519.2010.01.007.

［67］ 张文雪,刘俊霞,张佐.新生研讨课的教学理念与实践［J］.高等工程教育研究,2005(6): 107-109.

［68］ 清华大学开设面向本科生的实验室科研探究课.教育部门户网站［R/OL］.(2009-09-25) http://www.moe.gov.cn/jyb_xwfb/s6192/s133/s136/201004/t20100419_83625.html

［69］ 马璟,孙若飞,彭方雁.寓学寓教于研培养创新人才——清华大学SRT计划十二年 回顾与展望［J］.中国科教创新导刊,2008(14):64+66.

［70］ 史静寰.构建院校主导的国际化实践模式——清华大学国际合作与交流案例分析 ［J］.世界教育信息,2011(5):24-27.

［71］ 曾开富,王孙禺."工程创新人才"培养模式的大胆探索——美国欧林工学院的广 义工程教育［J］.高等工程教育研究,2011(5):12.

［72］ 贺克斌,郑娟.我国工科博士生培养模式改革及其效果分析［J］.高等工程教育研 究,2016(2):1-6+31.

［73］ 李越,李曼丽,乔伟峰,李雪,赵薇,张晓蕾.政策与资源:面向工业化的高等教育协同创新——"卓越工程师教育培养计划"实施五年回顾之二[J].清华大学教育研究, 2016,37(6):1-9. DOI:10.14138/j.1001-4519.2016.06.000109.

［74］ 林健.高校"卓越工程师教育培养计划"实施进展评析(2010~2012)(上)[J].高等工程教育研究,2013(4):1-12.

［75］ 林健.高校"卓越工程师教育培养计划"实施进展评析(2010~2012)(下)[J].高等工程教育研究,2013(5):13-24+35.

［76］ 李涛,刘灵芝.我国高等工程教育专业认证的现状分析及对策研究[J].大学教育, 2012,1(6):21-22+34.

［77］ APEC (2014), The APEC Engineer Agreement, in Agreement Constitutions Version 1.2, September 2014, APEC Engineer Coordinating Committee. www.ieagreements.org.

［78］ Criteria For Accrediting Engineering Technology Programs: Effective for Reviews During the 2014-2015 Accreditation Cycle.

［79］ EMF (2009) The International Register of Professional Engineers, Constitution, Engineers Mobility Forum, Revised June 2009. http://www.ieagreements.org/ IEA_history/

［80］ ETMF (2009) The International Register of Engineering Technologists, Engineering Technologist Mobility Forum, Constitution, Revised June 2009. http://www.ieagreements.org/IEA_history/

［81］ EUR-ACE_Framework-Standards_2008-11-0511, http://www.enaee.eu/wp-content/uploads/ 2012/01/EUR-ACE_Framework-Standards_2008-11-0511.pdf

［82］ Guide To The Feani Eur Ing Register. [EB/OL].[2013-10]/[2014-04]. http://www.feani.org/site/index.php? eID=tx_nawsecuredl&u=0&file=fileadmin/PDF_Documents/EUR_ING_Tittle/Guide_to_the_Register_FINAL_approved_GA_2013.pdf&t=1397035057&hash=41590f33c2fffeddd532434596fd01ed6c058cc8.

［83］ IEA (2007), Rules & Procedures: International Educational Accords, Washington Accord 1989, Sydney Accord 2001, Dublin Accord 2002, International Engineering Alliance, http://www.ieagreements.org/ IEA_history/.

［84］ IEA (2011), Glossary of Terms, International Engineering Alliance, Ver 2: 15 September 2011. Available www.ieagreements.org.

［85］ IEA (2013), Graduate Attributes and Professional Competencies, International Engineering Alliance, Version 3, June 2013. Available www.ieagreements.org.

［86］ IEA (2014a), Accord Rules and Procedures, June 2014, International Engineering Alliance, Available www.ieagreements.org.

［87］ IEA, (2005), Graduate Attributes and Professional Competencies, International Engineering Alliance, Ver 1.1, http://www.ieagreements.org/ IEA_history/.

[88] NAE," Educating the Engineer of 2020: Adapting Engineering Education to the New Century", Washington DC: The National Academies Press, 2005.

[89] NAE, "The Engineer of 2020: Visions of Engineering in the New Century", Washington DC: The National Academies Press, 2004.

[90] NAE, "The Engineer of 2020: Visions of Engineering in the New Century", Washington DC: The National Academies Press, 2004.

[91] Subject Benchmark Statement: Engineering 2010, http://www. qaa. ac. uk/Publications/ InformationAndGuidance/Documents/Engineering10. pdf.

后　　记

　　本书为中国工程院咨询研究项目报告《关于加快高等工程教育专业认证制度与工程师注册制度衔接问题的研究》(2014-12-XY-003)的部分成果。报告在综合分析各类资料的基础上,探讨了高等工程教育专业认证制度与工程师注册制度衔接问题研究的重要性,研究了各国和地区高等工程教育专业认证制度与工程师注册制度及二者的衔接机制。同时探讨了国际工程师制度建设的经验及对我国注册工程师制度建设的启示,并提出加快我国高等工程教育专业认证制度与工程师注册制度衔接的政策建议。

　　本课题组负责人为清华大学原校长顾秉林教授、教育研究院王孙禺教授、李越教授等。主要成员有乔伟峰、徐立辉、曾开富、雷环、赵自强、谢喆平、龙宇、田慧君、石菲、王瑞朋等。

　　清华大学原副校长余寿文教授等对本课题研究给予具体指导并带队进行访谈。

　　来自工程院、教育部、人社部、兄弟院校、企业协会的专家学者朱高峰、吴启迪、陈以一、李茂国、蔡学军、黄梅、李金生、申月、付永生、马永红、罗平、王玲等,以及本校的专家学者谢维和、林健、史静寰、李曼丽等都直接或间接地参与了本课题的研究。

　　本研究得到了中国工程院诸多领导、院士的悉心指导。没有中国工程院教育委员会的支持,本课题不可能顺利开展和完成。

　　在此,一并表示诚挚谢意!

编著者

2015 年 10 月初稿

2016 年 01 月上报

2021 年 12 月再排